来华留学生

LAIHUA LIUXUESHENG

汉语话语标记策略研究

HANYU HUAYU BIAOJI CELÜE YANJIU

本书受到北京语言大学校级科研项目资助
（中央高校基本科研业务费专项资金，项目编号 21YBB28）

王磊　著

北京语言大学出版社
BLCUP

© 2024 北京语言大学出版社，社图号 24200

图书在版编目（CIP）数据

来华留学生汉语话语标记策略研究 / 王磊著．

北京：北京语言大学出版社，2024. 12. -- ISBN 978-7-5619-6678-5

Ⅰ. H195. 3

中国国家版本馆 CIP 数据核字第 2024J51U99 号

来华留学生汉语话语标记策略研究
LAIHUA LIUXUESHENG HANYU HUAYU BIAOJI CELÜE YANJIU

排版制作：北京创艺涵文化发展有限公司
责任印制：周 燚

出版发行：北京语言大学出版社
社　　址：北京市海淀区学院路 15 号，100083
网　　址：www.blcup.com
电子信箱：service@blcup.com
电　　话：编 辑 部　8610-82303390
　　　　　国内发行　8610-82303650/3591/3648
　　　　　海外发行　8610-82303365/3080/3668
　　　　　北语书店　8610-82303653
　　　　　网购咨询　8610-82303908
印　　刷：北京富资园科技发展有限公司

版　　次：2024 年 12 月第 1 版　　印　　次：2024 年 12 月第 1 次印刷
开　　本：710 毫米 × 1000 毫米　1/16　印　　张：12
字　　数：180 千字
定　　价：48.00 元

PRINTED IN CHINA
凡有印装质量问题，本社负责调换。QQ 1367565611，电话 010-82303590

序

这些年我参加了一些硕士、博士研究生的论文答辩，读了一些自己不是很熟悉的领域的论文，每一次都是一个非常好的学习机会，让我增长了不少相关知识，包括语言测试、语言习得、中介语、中文信息处理、计算机应用等等。这些论文所讨论的问题当然都与中文教学有关，这说明国际中文教育是一门涉及面广泛的学问，需要和可以研究的问题很多。这次读王磊博士的书稿，仍有同感。

这本书讨论中介语的弱连标记问题，即某些连词语义弱化后具有了不同于本义的话语连接功能。例如："所以，我要给老师和同学们介绍一下美国人最喜欢的饮料，它很像中国人的茶。""我昨天晚上看了电影《可可西里》，非常感动，然后，我们国家也有一个很大的动物保护区，我曾经去参观过，没有听到杀害动物的故事。"

研究发现了一些有趣的中介语现象。例如：弱连标记是高水平外国留学生一种重要的连接手段；在中介语中，弱连标记主要出现在独白的开头或结尾；女性使用弱连标记的频率高于男性，且偏好使用"所以"；职业背景的留学生偏向使用"然后"；等等。书中指出，影响留学生弱连标记策略形成的主要因素有三个：自然口语接触密度、语际语用迁移和自身汉语水平。

这是一个很有价值的题目。中文教学界传统上是把这种"连词语义弱化用法"看作是一种连词使用的"偏误"，是需要在教学中予以纠正的。但是，事实上这是中文水平较高的外国留学生口语中的一种自然的语言现象，是一种几乎无法也基本无须纠正的"错误"，正如我们无法把母语者的这种连词语义弱化现象归为"语法错误"而加以纠正一样，只是二者的表现形式有所不同。

由此可以认为，这项研究开辟了汉语中介语研究的新思路：它拓宽了中介语研究的视野，丰富了中介语研究的内容；从一个新视角揭示出汉语中介语系统的某些语用特征；对培养二语学习者汉语交际能力有所启示。此类研究的成果还有助于计算机自然语言处理中对汉语中介语的理解。

如前所说，国际中文教育是由多个因素构成的，除了教什么、怎么教、怎么学之外，还涉及很多方面的问题，特别是一些普遍存在而人们习焉不察的问题。这本书讨论的现象对多数中文教师来说，可能就是一个容易放过的问题。常听本领域的硕士、博士、年轻教师说找不到可以研究的课题，我倒是觉得国际中文教育作为一门年轻的、正在蓬勃发展的学科，可以和需要研究的课题俯拾即是，只是需要我们有"敏感力"。学生的错误偏误、被学生问住的问题、上课时感觉不适的地方、教学过程中打磕巴的地方，都可能是课题所在。深究下去，就可能牵出一类重要的现象。很多大课题都是由一个偶然发现的"小现象"牵连出来的。

我若干年前上听力课，发现听力课普遍出勤率不高，很多班级都是学生"所剩无几"。经过分析，我发现主要原因是当时的听力课本内容与 HSK 听力考试的形式几乎一样，学生每次上听力课，就是在参加两个小时的听力考试，老师按放音键，学生打钩，然后核对答案，最后老师解析。两节课中，学生基本处于被动，甚至是紧张的状态，自然难提起兴趣。我试着改变了教学方式，把听、说、读、写结合起来，让学生主动参与课堂活动，有机会展示自己的能力。课堂活跃起来了，学生就不缺勤了。其他平行班也采取了这种办法，逐渐扭转了听力课缺勤的风气。

这个例子跟这本书讨论的内容不同，但都可以说明中文教学、中文交际能力培养是由多方面因素构成的，必须从不同的角度发现问题，探索规律，改进教学，才能让中文教学日臻完善。我们面临不同国别、不同水平、不同语境、不同语体，以及不同的词汇、语法教学等，每个地方都可能"跑冒滴漏"，影响教与学的效果。因此只要细心观察，值得研究的课题到处都是。

总之，这本书让我联想到两个问题：第一，中文教学是一个复杂的现象，必须从多方面、多角度、多层次进行研究，目前仍存在很多不理想的"细枝末节"。只有抓住各种问题，全方位研究，加以改进，才能造就更多的"汉语通"。第二，中文教学中可以研究的问题，教师、研究者每天遇到的问题，俯拾皆是。关键是要有敏感力，发现问题就抓住不放，使用科学、适当的方法深究下去，就会不断有新的发现。

　　王磊博士的这本书付梓之前，邀我写几句话。我对他研究的具体问题了解不多，不敢过多评论。但受其选题、研究思路和研究结论的启发，有了上面的感想，记下来表达对他的衷心祝贺。

崔永华

2024 年 12 月

目 录

第一章

绪论

一、 研究缘起

高级汉语水平留学生运用汉语进行交际时，表达中存在较多非典型用法的连词，例如：

（1）**所以**，我要给老师和同学们介绍一下美国人最喜欢的饮料，它很像中国人的茶。

（2）我昨天晚上看了电影《可可西里》，非常感动，**然后**我们国家也有一个很大的动物保护区，我曾经去参观过，没听到杀害动物的事。

在上述两例中，连词"所以"和"然后"不再表示因果关系和先后顺序关系，其真值语义已经完全弱化，成为一种话语标记。这种大量存在于留学生口语表达中的话语标记化连词并未在教材中明确注明，也没有在课堂教学中专门讲解和训练过。然而，留学生却将它们作为重要的语用手段，以此增强表达效果，达成交际目的。这是一个有趣的语言现象，也激发了我们的研究兴趣。

事实上，作为自然口语中十分常见而且能够帮助言语建构和理解的语用机制，话语标记近四十年来一直为学界所关注，而且关注度不断提升。语言学家们将话语标记作为一个重要课题，从它的定义、功能和来源等方面进行了大量的多语种研究，并取得了丰硕的研究成果，如 Shiffrin（1987）对英语的研究、Charles（1991）对汉语普通话的研究、Onodera（2004）对日语的研究等。不过，我们考察前人的研究后发现，学者们主要从共时层面考察母语者对本族语内各类话语标记的使用情况，并从历时发展的角度探讨话语标记的形成机制，很少从跨文化的角度分析第二语言学习者使用目的语进行口语表达时所用的话语标记。根据我们对留学生，尤其是高级汉语水平留学生口语交际过程的观察，诸如"所以""然后""但是""而且"和"那么"等习得时间较早、使用频率较高的连词作为话语标记的用法比较普遍。因此，在可获得大量语料的前提下，我们将这类源自连词，语义弱化后发挥语用功能的话语标记（下文简称为"弱连标记"）确定为研究对象，基于留学生对这类话语标记的使用情况，深入探讨其中所蕴含的话语标记策略。

从理论上看，分析留学生对弱连标记的使用情况，有利于从跨文化的角度了解话语标记的概念范畴及其在话语组织方面的作用，进而拓展话语分析理论的应用范围，拓宽汉语话语标记研究视角。另外，从第二语言习得理论的角度看，话语标记的使用与语言学习者的交际能力相关（刘滨梅，2015），话语标记是学习者实施交际策略过程中非常依赖的一种语言手段，话语标记策略既是交际策略的次级概念，同时也是交际能力中策略能力的重要体现。对留学生弱连标记策略进行研究，能够从微观上完善第二语言习得理论的研究框架。与此同时，对比留学生和汉语母语者弱连标记的使用差别，能够在一定程度上揭示留学生汉语中介语系统的语用特征，在此基础上，可以分析影响这类话语标记习得的相关因素，讨论社会环境和语用迁移等对跨文化话语标记策略的制约作用。在当前国内语用特征研究成果很少的情况下（施家炜，2006），本研究对于拓展汉语第二语言习得研究具有一定的理论价值。

从实践上看，话语标记可以作为第二语言流利程度的重要指标（何安平等，2003），系统学习并最终掌握话语标记的语用特征，提高话语标记策略水平，有利于提升留学生的跨文化交际能力。本研究通过分析来华留学生弱连标记策略，对比留学生与汉语母语者对这类话语标记的使用差异，能够为话语标记教学提供参考，并指导汉语国际教育的教材编写、课程设计、口语教学以及课外活动安排等，从而有效促进留学生有意识、有策略地运用这类话语标记，提高口语表达的连贯性和流畅度，最终实现本研究的实践价值。

二、　前人研究概述

1. 交际能力

话语标记的使用与第二语言学习者的交际能力密切相关（刘滨梅，2015）。因此，研究语言学习者的话语标记策略，首先要明确交际能力的概念及其关键要素。"交际能力"这一概念首先由 Hymes（1972）提出，指人们在社会语境中进行得体的语言使用的能力，而一个人的交际能力具体表现为他能够对说什么、怎么说、什么情况下说以及什么时候说等做出决定，并因此使说话和理解成为社会生活中有意义的行为。在他看来，语法规则如果没有语言使用规则就会变得无用，也就是说，如果仅注意语法规则，而不注意语言在具体社会文化语境中的使用规则，那么这些语法规则将会变得没有意义。由此可见，交际能力不仅包含语言知识，还包含在交流中运用这一认知的能力。

Canale & Swain（1980）将"交际能力"用于第二语言教学领域，并对其进行了充实和发展，指出交际能力由语法能力、策略能力和社会语言学能力（包括社会文化能力和话语能力）组成。在此基础上，Canale（1983）提出了交际能力的四种次级能力模型，包括语法能力、策略能力、社会语言能力和语篇能力。尽管他们没有明确论述各次级能力之间的关系，但是却全面论述了交际能力概念，这对第二语言教学实践与研究具有重要的指导意义。

Bachman（1990）对"交际能力"稍加修改，提出了"交际语言能力"，并将其定义为由语言知识以及说话人在实际语言交际中恰当地、得体地运用语言知识的能力组成。"交际语言能力"包括三个要素，即语言能力、策略能力和心理生理机制。其中，语言能力包含组织能力和语用能力。组织能力是指利用语言知识进行遣词造句、衔接话语的能力，又细分为语法能力和语篇能力；语用能力包含功能能力和社会语言能力，前者指掌握言语行为功能并能够按照该功能运用话语进行交际的能力，后者指依照不同的社会文化规则进行符合语境的语言交际的能力。策略能力是说话人在具体的交际语境中运用语言知识实现言语行为目的的手段，它能够促使语言知识发挥作用。心理生理机制是实施语言能力的过程中牵涉到的神经活动和心理过程。"交际语言能力"重点阐述了上述各能力之间的动态互动过程：说话人首先通过心理生理机制了解语境信息，这些信息有助于激活策略能力，使得说话人的语言知识发挥作用，进而影响语言能力的实施效果。

进入新世纪，Hedge（2000）在总结前人研究的基础上，指出交际能力包含五大关键因素，分别为语言学能力、话语能力、语用能力、策略能力以及流畅性。其中，语言学能力包括对语音、词汇、形态和句法等的认知，是关于语言本身、语言的形式以及含义的知识；话语能力指融合语法形式和意义，将言语连接起来，形成具有语言衔接性和话题连贯性的文本或谈话的能力；语用能力分为言外能力和社会语言能力，前者指通过使用语言来实现特定交际目的的能力，后者指在特定文化中使用符合社会惯例的语言的能力；策略能力指语言学习者在真实的交际情境中保持交谈不中断的能力；流畅性指将单词和短语等连接起来，发音清晰，并且没有不恰当的拖延或者犹豫，能够快速完成这一说话过程的能力。

如上所述，"交际能力"自20世纪70年代提出来之后，经过近三十年的发展，已经成为一个意义广泛而明确的概念。它由几个动态互动的部分组成，在这几种次级能力的共同作用下，说话人能够在特定语境下进行恰当、得体的语言交际。

2. 交际策略

策略能力是交际能力的重要组成部分，这种能力可以表现为说话人在词汇和语法等方面出现问题时依然能够使言语行为顺利实施，也可以表现为说话人运用语言知识达成交际目的。因此，策略能力既指交际能力中各次级能力之间的相互作用，同时也指人际互动中说话人所采用的具体的交际策略。

（1）交际策略的概念

"交际策略"这一概念最早由 Selinker（1972）提出，他从心理语言学的角度指出，交际策略是学习者语言特点的一个可能性来源，对中介语的形成具有重要作用。在此之后的十几年中，应用语言学界对交际策略进行了系统分析和深入研究，从不同的角度界定了交际策略的内涵和外延。Corder（1977）认为交际策略是说话者在表达意义时因语言知识不足遇到表达困难，为了解决困难而运用的系统化技巧；Tarone（1980）认为交际策略是说话者在缺少表达意义所需的语言结构时，会话双方为达成意义一致而进行的磋商；Kasper（1982）认为交际策略是学习者为了达到一定的交际目的、为了解决困难而采用的潜在可意识到的计划；Stern（1983）将交际策略界定为使用尚未完全掌握的第二语言进行交际时解决难题的技巧；Ellis（1985）指出交际策略是学习者潜在、有意识采用的一种心理语言计划，用以替代一个无法完成的表达计划；Brown（1987）认为交际策略是学习者在交际时找不到准确的语言形式，为达到交流观点的目的而有意识运用的语言的或者非语言的手段；Bialystok（1990）指出交际策略是交际者为了解决第二语言交际中的困难而有意识、有目的地采用的各种策略。综合以上学者的定义可以发现，交际策略是说话人为了解决因语言知识和能力不足而造成的交际困难，有意识地运用的各种办法，包括语言和非语言等形式。在交际策略发挥作用的情况下，说话人可以有效弥补语言能力的不足，进而改善语言交际效果。

（2）交际策略的分类

学界在明确界定交际策略概念的同时，对交际策略进行了分类。Corder（1977）从交际意图和交际形式两个角度对交际策略进行了分类，按照交际意图将其分为信息调整、话题回避、话题放弃、语义回避和内容缩减，按照交际形式将其分为手段扩展、转换、借用、创造、转述和非语言策略；Tarone（1980）从话语功能的角度将交际策略分为转述、借用、求助、手势语、模仿以及回避等；Bialystok（1990）根据交际策略的知识来源，将其分为以母语为基础的策略、以第二语言为基础的策略以及非言语策略，其中，以母语为基础的策略包括从母语直接翻译和语码转换等，以第二语言为基础的策略包括描述、造词和语义替代等；Kasper（1982）依据说话人面对交际困难时的心理特征，将交际策略分为求成策略和缩减策略，前者指说话人在遇到交际问题时积极处理，采取不同的办法解决问题，达成交际目的，后者指说话人在遇到交际问题时消极应付，放弃或者减少本来的交际目的；Kellerman（1991）将学习者策略性地处理交际问题时的认知心理过程作为研究切入点，以可信度、简洁性和概括性为原则，对交际策略进行了分类，主要包括概念策略和语言策略两大类，前者细分为以迂回、转述、释义为代表的分析策略和以总概念、分概念、并列词为代表的整体策略，后者细分为词形创造和迁移策略。不同学者受其研究兴趣和侧重点的影响，对交际策略的分类有差别，而且学界还存在其他一些分类方法，但是上述五种分类最具代表性，为后续研究奠定了坚实的基础。

（3）交际策略对第二语言习得的作用

从交际策略的定义和分类来看，它既可以被第二语言学习者使用，也可以被本族语者使用。不过，由于第二语言学习者的目的语语言能力处于动态发展过程中，与本族语者的语言能力存在差距，因此，第二语言学习者在使用目的语进行交际时，对交际策略的依赖程度更高。那么，交际策略对于第二语言交际目标的达成以及第二语言习得效果等具有什么作用？学界对此也进行了深入探讨，总体上看，可以概括为两大观点，即交际策略有利于第二语言习得和交际策略抑制第二语言习得。

在持肯定态度方面，Kasper（1982）提出使用交际策略的作用包括直接交际效果和长期学习效果，在不同类型的交际策略中，语言性补偿策略有利于学习者形成和验证自己对目的语知识的假设，具有较好的学习效果，求助策略可以用来形成和验证关于母语语言知识的假设，同样具有学习效果，而基于中介语的各类策略，尤其是释义，都能够提高交际效果；Haastrup & Phillipson（1983）持相同观点，指出学习者通过运用目的语进行解释、描述和举例等交际策略，可以有效解决交际中的问题，提升中介语水平，促进第二语言习得；Tarone（1983）认为交际策略能够促使说话人构建顺畅的交际通道，获得更多的语言输入，同时在维持交际活动不间断进行的过程中，说话人也获得了更多的运用语言知识进行语言输出的机会，大量的输入和输出能够有效促进第二语言习得，并提高第二语言能力；Savignon（1983）支持 Tarone 的观点，他还指出交际策略能够增强说话人表达时的自信心和安全感，进而克服因为交际出现困难而引起的焦虑感，从而间接促进第二语言习得。

另一方面，有的学者持否定态度，认为第二语言交际过程中使用交际策略会抑制语言习得。Ellis（1985）指出过度使用交际策略会妨碍第二语言习得的发展，学习者通过熟练地运用各种交际策略而顺利地克服了交际中的困难，会让他们产生一种无须学习语言知识的错觉，也不利于学习者验证其对所学语言知识的假设，进而导致第二语言学习停滞不前，并形成化石化现象；Bialystok（1990）提出交际策略的使用对于二语习得而言有利有弊，过于依赖交际策略来实现交际目的，很难避免出现化石化现象，所以在第二语言教学过程中不应该刻意进行交际策略教学，即使教授相关知识也属徒劳。

我们认为，第二语言学习者使用目的语进行交际时，经常面对课堂学习时没有处理过的交际情境，遇到因语言知识和能力不足而导致的交际困难，而维持交际持续进行，才能获得更多的运用语言的机会，完成有意义的交流互动。从这个角度看，交际策略的运用利大于弊，对学习者交际策略能力的训练很有必要。

（4）交际策略的影响因素

交际策略的使用能够有效促进第二语言学习者的目的语交际。学习者对交际策略的选择和使用受到很多因素的影响。首先，第二语言学习者的目的语水平是影响交际策略使用的重要因素。Tarone（1977）指出，初级阶段的学习者更多地选择使用缩减策略，随着目的语语言水平的不断提高，他们会逐渐倾向于使用积极的问题解决策略；Bialystok（1983）发现，目的语水平较低的学习者往往倾向于将母语的语言知识作为来源，使用以母语为基础的交际策略，而目的语水平较高的学习者则相反，他们倾向于使用以目的语为基础的交际策略。其次，第二语言学习者的个体特征也会对交际策略的选用产生影响。Tarone（1977）认为，性别、情绪、学习态度、学习观念、交际策略知识以及交际策略使用观念等与学习者个体相关的因素都是影响交际策略使用的因素；Corder（1978）指出，喜欢冒险的学习者更愿意使用问题解决策略，比较保守的学习者更愿意选择缩减策略。最后，学习环境和交际情景也会影响交际策略的使用。Faerch & Kasper（1983）明确提出，交际情景和学习环境不同，学习者对交际策略的使用情况有差异；Ellis（1985）指出，学习者在自然的交际情境中更多地使用交际策略，在课堂教学环境中则较少使用，尤其是当学习者重点掌握语言表达的准确性时，交际策略的使用就会更少。由此可见，学界普遍认为交际策略的使用受多种因素制约，学习者的目的语水平、个性特征、学习环境、交际情景、交际任务以及个体因素等都会不同程度地影响交际策略的选择和使用。

（5）国内外语教学界对交际策略的研究

从20世纪90年代起，国内外语教学界开始引介交际策略理论，并开展了一些中国学生的外语交际策略研究，重点关注交际策略的使用及其影响因素，以及交际策略的教学实践及其效果。

高一虹（1994）对中国和拉美学生在英语字谜游戏中的交际策略使用情况进行了对比研究，结果显示，与拉美学生相比，中国学生在游戏中更多地使用积极策略，注重利用相关词在词形和语境方面的信息；高海虹（2000）通过问卷调查和个别访谈的方式研究了国内英语学习者的交际策略观念和使用情况，结果显示，学习者普遍认为成就策略更有意义，却很少使用这一策略，反而更多地使用缩减策略，研究同时发现学习者对成就策略的观念性认识与该策略的实际使用情况存在明显的相关性；王立非（2002）对英语专业二年级学生进行了为期一个学期的策略教学实验，并对实验前后的口试语料进行了对比分析，实验结果显示，交际策略的强化教学可以增加学生使用交际策略的频度，有利于提高学生的口语流利程度；何莲珍、刘荣君（2004）基于大学英语四六级考试口试语料库中的小组讨论语料，对中国非英语专业学生的交际策略使用情况进行了深入研究，结果表明，低水平的学生更多地使用缩减策略和赢得时间策略，水平较高的学生使用自我修正策略的比例更高，所有学生均很少使用基于目的语知识的各类交际策略；孔京京（2004）以非英语专业的一年级学生为研究对象，在对其进行了四周的交际策略强化培训后，通过问卷调查了解交际策略教学的意义以及学生对交际策略的认识，结果表明，培训对帮助学生克服交际障碍、增强交流时的自信心、提升口语学习效果等均有积极作用；田金平、张学刚（2005）就非英语专业学生在小组讨论中使用交际策略的情况进行了为期一个学期的教学实验，重点强化实验班学生的合作策略、填补策略和迂回策略，实验发现，控制班学生使用最多的是重复策略，几乎不用合作策略，实验班学生交际策略使用次数明显增加，尤其是合作策略、填补策略和迂回策略，另外，实验结果表明，通过使用交际策略可以提升讨论效果，提高非英语专业学生的交际能力，交际策略的显性教授和集中培训具有可行性和必要性；曾路、李超（2005）运用仿真情景对学生进行有意识的交际策略训练，训练包含以观察和讨论为主的第一阶段以及以对话和实践为主的第二阶段，研究发现，经过交际策略训练，学生使用缩减策略的频率有所减少，使用成就策略的频率有所增加，面对交际困难时，更多地采用解释和转述等策略；王莉梅（2008）通过调查问卷、课堂观察和口语语料分析等方法研究了男女学习者在交际策略习得方面的差异，结果表明，男女学习者使用交际策略的频度存在差异，但是仅在借用策略的使用上存在显著差异，策略教学对女性学习者具有更好的效果，缩减策略的使用频度明显降低，转述策略的使用频度则明显提高；林意新、李雪（2009）通过问卷调查、访谈、采集和分析口语数据等方法研究了个性特征与交际策略选择之间的关系，结果显示，二者之间存在直接联系，外向型学习者更多地使用模仿策略和合作策略，内向型学习者更多地使用缩减策略；刘建军（2009）探讨了英语专业大四学生在同声传译中交际策略的使用情况及其与口译成绩的关系，研究发现，学生使用最多的是成就策略，较少使用减缩策略，而使用最多的是过滤策略，高、低分组学生在成就策略和减缩策略的使用上没有显著差异，但高分组比低分组更倾向于使用近似表达策略，而这一策略的使用与口译成绩呈显著正相关，省略策略和过滤策略的使用则与口译成绩呈显著负相关；许峰（2012）通过交际策略调查表、自我效能量表、交流意愿问卷、课堂观察和课后访谈等方式对 96 名大一学生的交际策略使用情况进行了研究，结果表明，学生的自我效能感和交流意愿均与交际策略使用呈显著正相关，自我效能感较高、交流意愿较强的学生使用的交际策略更多；刘周莉（2013）采用问卷调查和访谈的方式对非英语专业大二学生口语表达时的焦虑情况和交际策略使用情况进行了分析和相关性检测，结果显示，交际策略的使用能力受到语言水平的影响，二者之间呈正相关，交际策略和口语焦虑呈负相关；王君、朱明艳（2014）考察了真实性语言应用实践活动对非英语专业大学生外语交际策略的影响，研究发现，学生参加了真实性语言应用实践活动后，其交际策略使用情况得到改善，更倾向于使用积极交际策略，消极策略的使用频率明显减少；蒋亚娟（2015）调查了外语教学中母语会话策略对学习者目的语交际能力的影响，结果显示，在英语教学中，学习者的母语会话策略有助于培养其目的语交际能力；涂勤建、武俐、胡峰（2016）以问卷调查的方式研究了教师支持和交际策略引导对日语专业学生日语学习焦虑的影响，结果显示，教师支持和交际策略引导都与学生的课堂焦虑呈显著负相关，教师支持和交际策略引导都能预测学习者的外语课堂焦虑；王嘉（2017）在探讨交际策略与跨文化交际能力关系的基础上，提出了帮助学生掌握交际策略的建议，并分析了交际策略的使用对提高外语学习主动性和课堂教学质量的重要意义和作用。

（6）国内对外汉语教学界对交际策略的研究

与国内外语教学界相比，汉语教学界对交际策略的研究起步较晚，而且仍然处于探索阶段。闫丽萍、雷晔（2011）以吉尔吉斯斯坦奥什国立大学不同年级的汉语学习者为调查对象，分析了他们的汉语口语交际策略使用现状，结果显示，高年级组学生比低年级组学生更多地使用基于目标语的策略、求助策略以及生造词语策略、直接求助策略、查词典策略、语义场检索策略，更少地使用功能减缩策略和话题回避策略；唐毅（2016）探讨了文化背景和汉语水平与外国留学生汉语口语交际策略使用的关系，结果显示，南亚文化圈学生较多使用整体汉语口语交际策略、理解策略和非言语策略，东欧文化圈学生较多使用抓主旨策略，亚洲儒家文化圈学生则较多使用低主动性策略，另外，初级汉语水平的学生较多使用放弃表达策略和低主动性策略，相较而言，文化背景对外国留学生汉语口语交际策略使用的影响程度大于汉语水平。

除了专家学者的关注以外，很多研究生也从不同的角度深入开展了汉语学习者的交际策略研究。其中，刘炎（2009）、柴冉（2014）、张靖会（2018）、赵尹荣（2019）以汉语水平为关注点，分别探讨了初级、中级和高级汉语水平留学生的口语交际策略使用情况，并据此提出了具有可操作性的教学建议；李睿（2008）、雷晔（2010）、夏钰（2012）以汉语学习者的母语文化背景为切入点，分别研究了日本、吉尔吉斯斯坦和美国留学生的汉语交际策略使用情况及其影响因素；张雅楠（2010）、吴雪梅（2016）、姚敏（2017）、杨琼（2020）以学习环境为区别特征，对目的语环境和非目的语环境下汉语学习者的交际策略观念和使用情况进行了调查研究；李方艳（2016）、徐晓旭（2018）重点研究了包括年龄、性别、性格、国籍、母语和交际动机等在内的学习者个体因素对汉语口语交际策略的影响。

3. 话语标记与策略能力

策略能力是第二语言学习者在交际情境中避免交流中断，使交谈持续进行下去的能力，它包括交际策略的使用，而话语标记是交际策略具体运用过程中重要的形式手段。Brinton（1996）明确指出，话语标记的作用之一就是作为口语中的一种停顿策略，当说话人遇到交际障碍时，可以使用话语标记填充表达空白，以减少停顿。Edmondson（2003）认为，包括话语标记在内的交际策略手段的运用能够使语言学习者的口语听上去更像母语者的语言产出，这些策略手段可以作为判断语言学习者口语流利性的重要参量。Lee（2004）发现话语标记能够提高第二语言学习者表达的流畅性，当第二语言学习者在犹豫或者连接单词、短语和小句时，使用话语标记比停顿或者过多地使用 er、erm 等听起来快速、顺畅一些，所以话语标记可以作为重要的填充或者拖延策略，帮助克服表达过程中出现的困难。除了作为重要的停顿策略，一些较长的话语标记或者语块等对于使用第二语言进行交际的学习者来说，可以起到很好的安全岛屿、安全跳板的作用，降低说话人心理和认知方面的压力，从而形成更加流利、恰当的表达和交际（House，1996；Aguado，2003；王颖频，2011）。此外，还有一些研究者将话语标记作为交际策略的重要手段，在第二语言学习者中进行教学实验。王立非（2002）发现口语策略教学对学生口语流利度的提高有一定的作用，直接反映在包括话语标记在内的停顿填补词的使用上；何莲珍、刘荣君（2004）的实验结果显示，语言水平较低的学习者更多地使用包括话语标记、空缺填补词和自我重复等方式在内的赢得时间策略。对于第二语言学习者来说，话语标记的使用是交际策略的一种体现。Hedge（2000）曾指出第二语言学习者需要掌握在策略上有用的语言，比如学习标示话语连续的话语标记（如 and）、标示话语承接的话语标记（如 then）。

由此可见，使用话语标记来维持表达、减少停顿、提高流利度是第二语言学习者策略能力的重要组成部分，而话语标记用法的具体实践则属于交际策略的范畴，话语标记的使用与第二语言学习者的交际策略水平有所关联。基于此，我们认为话语标记策略可以界定为通过使用话语标记克服交际障碍、提升表达效果、达成交际目的的一系列方法和技巧，它属于交际策略的次级概念，与第二语言学习者的交际能力相关。

4. 话语标记的跨文化研究

自 20 世纪 90 年代起，有学者从跨文化的角度研究外语学习者或第二语言学习者对目的语中话语标记的习得与使用情况。下面对这部分研究进行综述。

（1）国外学者的相关研究

Hays（1992）通过考察对母语是日语的说话人进行英语采访的语料库，研究说话人已经掌握了哪些话语标记。在这项研究中，参与者都是大学生，英语的熟练程度各不相同。采访由一位老师在录音棚中进行，其中约 60% 的采访都是由一份简单问答提纲引导的自由交谈，剩余部分是在学生参加写作讨论会议的过程中录制下来的。他研究了"and""but""well"等 11 个话语标记，发现"and""but"和"so"更容易被学生掌握，原因是学生在课堂上学过这三个标记。Hays 认为学习者在概念水平上掌握话语标记要早于其他水平，在此以后逐渐转向语用学方面。

Fuller（2003）比较了六个英语母语者和六个非英语母语者在交谈和访谈两种会话情景中使用五个话语标记"well""oh""like""I mean"和"you know"的情况。在交谈部分，研究录制了英语母语者与家庭成员、恋人或好朋友之间的随意交谈，非英语母语者与母语是美国英语的说话者之间的自然交谈，交谈对象包括恋人和好朋友。在访谈部分，采访由一位母语是英语的语言学专业研究生完成。研究发现：英语母语者在交谈中更频繁地使用了"well"和"oh"，在采访中更频繁地使用了"you know"和"I mean"；非英语母语者在交谈中也更频繁地使用了"well"和"oh"，但在采访中仅频繁地使用了"I mean"。另外，研究还发现"you know"在非英语母语者中整体上有较高的使用频率，而非英语母语者使用"like"的频率明显低于英语母语者。同时，研究也指出非英语母语者使用话语标记的总体频率低于英语母语者。

Müller（2005）基于 Giessen-Long Beach Chaplin 语料库，比较了英语母语者和非英语母语者（母语为德语的说话人）使用话语标记"so""well""you know"和"like"的情况。研究结果表明，英语母语者所用标记的一些话语功能德语母语者并没有掌握，而有些标记的某项功能却仅被德语母语者所使用。

Hellermann（2007）指出，学习者在目的语环境中会经历一个语言的社会化过程，他们会在日常交往中无形地习得当地的社会规范。话语标记的使用正是语言使用社会化的结果。研究表明，学习者的语言使用模式与在美国居留时间长短等有密切关系，越是倾向于融入美国文化环境的学生越乐于在会话交谈中使用话语标记。

Liao（2009）研究了六名中国学生在美国读研期间做助教时所使用的英语话语标记。她用定量分析法比较了两种不同语境下被调查者的英语话语标记使用情况，并且用定性分析法讨论了被调查者使用英语话语标记的情况和他们融入美国社会的程度之间的关系。

Buysse（2012）研究了比利时学生使用英语话语标记"so"的情况，该研究对受访者的口语语料进行了定量和定性分析，同时与英语母语者语料库进行了对比。研究表明，与英语母语者相比，比利时学生更多地使用话语标记。同时，英语专业学习者对话语标记的使用频率比商学专业学习者高。研究最后指出，学习者的英语熟练程度越高，越能全面使用话语标记的各种功能。

Dalili & Dastjerdi（2013）对比了英语母语者和非英语母语者在政治媒体上语言表达过程中所用话语标记的使用频率差异。研究发现，高水平的非英语母语者在书面话语中具备了"普遍话语能力"。与英语母语者相比，他们在话语标记总体使用频率上没有明显差异，各类话语标记的使用频率也没有明显差异。

（2）国内外语教学界的相关研究

何安平和徐曼菲（2003）针对汉语是母语、英语是外语的学习者在英语口语中话语标记的使用情况进行了语料库语言学研究，研究发现，中国学生经常使用的五个英语话语标记按照使用频率由高到低依次是"I think""just""oh""okay"和"you know"，英国成年人经常使用的五个英语话语标记按照使用频率由高到低依次是"well""oh""just""I mean"和"you know"，英国青少年经常使用的五个英语话语标记按照使用频率由高到低依次是"oh""just""you know""right"和"well"。他们还发现口语水平较高的学习者使用话语标记的频率高于口语水平较低的学习者，话语标记形式也更加多样。另外，研究指出，成绩较好的学生使用了"like""right""well""I see""or something"和"all right"等话语标记，而成绩较差的学生则没有使用。因此，某些第二语言话语标记的使用可作为区分语言掌握程度的一个特征。

王立非和祝卫华（2005）发表了《中国学生英语口语中话语标记语的使用研究》，调查了中国学生英语口语中不同类型话语标记的使用状况。

李民和陈新仁（2007）基于语料库数据研究了中国英语专业学生使用话语标记"well"的情况。该研究首先归纳出了"well"在英语口语中作为修正标记、开始标记、结构标记、拖延标记和缓和标记的话语功能，进而发现中国学生使用"well"的频率明显低于英语母语者。英语母语者更倾向于使用"well"的拖延和开始功能，而中国学生通常只使用"well"的开始功能。不过，中国学生也能像英语母语者一样使用"well"的缓和功能。

徐捷（2009）针对英语中的话语标记"you know"在中国的英语学习者中进行了习得实证研究，明确指出中国英语学习者对这一话语标记使用数量较少，使用功能不全。

赵岩（2018）做了中国英语学习者英语口语话语标记语的习得研究，指出中国学生对英语话语标记语的使用频率明显低于以英语为母语的学生，中国学生在使用这些话语标记语时常出现错误使用、胡乱使用等问题，并就此提出了教学建议。

（3）国内对外汉语教学界的相关研究

刘丽艳一直关注留学生使用汉语话语标记的问题。2006年，刘丽艳发表了《跨文化交际中话语标记的习得与误用》，该文主要分析了来自韩国的汉语学习者和中国国内的英语学习者在话语标记习得过程中所表现出来的阶段性特征，并对习得过程中的误用现象进行了解释。这一研究是目前能够查阅到的对外汉语教学界关于话语标记习得研究的最早文献。2015年，刘丽艳以韩国学生的汉语交际情况为例，考察了不同交际者由于个体相关因素的影响，在话语标记的使用上所表现出的个性差异，并指出不同交际者所表现出来的个体差异与他们的学习经历、性格特征以及交际能力有直接关系。2017年，刘丽艳以从HSK口语考试录音库中抽取的母语分别为韩国语和英语的考试成绩为4分的考生录音材料和汉语母语者的访谈材料为语料，重点考察了汉语母语者和非汉语母语者在个人叙述性语篇中对话语标记"所以"和"因为"的使用情况，同时关注非汉语母语者和汉语母语者的使用差别，并做出分析和解释。

阚明刚、侯敏（2013）基于汉语母语者语料库对书面语体和口语体中的话语标记使用情况进行了对比，并以研究发现为依据，指出了对外汉语教学中话语标记教学的目标，即培养留学生选择话语标记来适应语体的能力和创造性地使用与理解话语标记的能力。

孙雁雁（2014）考察了不同汉语水平的留学生在使用"看来"和"看起来"时的语言偏误，并指出现有关于"看来""看起来"的研究结论远不能帮助留学生有效避免使用偏误。

董有贤（2017）在《汉语初级水平学习者课堂话语标记使用情况研究》中，通过分析38名研究对象的课堂话语录音转写文本，发现他们在汉语综合课中使用应答式标记最多，其次为表示情感态度的标记以及表示犹豫踌躇的标记。

黄彩玉和谢红宇（2018）以俄罗斯学生汉语话语标记习得和使用情况为基础，从社会距离和心理距离两个角度探讨了话语标记习得的文化迁移模式，并分析了留学生在话语标记的使用上采取消极规避的交际策略的原因。

除了专家学者的研究以外，一些汉语国际教育专业的硕士研究生也以此为题写了毕业论文。庞恋蕴（2011）通过问卷调查的方式对汉语高级阶段留学生的话语标记使用、习得和元认知能力进行了研究，并以此为依据，对高级汉语教材编写和课堂教学提出了具体的建议；杨德霞（2012）考察了对外汉语教材中话语标记的使用情况，并对话语标记做了分类整理，分析了它们在话轮交换中的作用；贺微微（2013）考察了口语教师在教学中所用的话语标记，在此基础上探讨了教师话语标记对留学生话语标记习得的影响；王泠懿（2014）考察了中级汉语教材中的话语标记使用情况，并分析了现有教材的相关情况对留学生习得话语标记的影响；梁旭（2014）考察了留学生对汉语中对比类话语标记的使用情况；钟亚（2016）考察了留学生对后置关联标记的习得情况；汪汇洋（2017）探讨了话语标记在口语教学中的教学策略问题。

综上所述，国内外英语作为第二语言的话语标记研究大多基于对语料库的考察和分析，并且以使用频率为重要参数，同时在数据描写的基础上探讨了影响话语标记使用的因素。国内汉语作为第二语言的话语标记研究基于两种语料，一是口试语料，二是教材或者教师课堂教学语言，分析话语标记的语用功能，指出话语标记的使用偏误，并提出改善话语标记使用情况的教学建议。总体来看，英语二语习得领域以定量分析为主，汉语二语习得领域以定性说明为主，而且研究还不够系统，值得进一步深入研究。前人的成果为本研究变量的设计、功能的分类和研究方法的确定等提供了参考和指导。

三、 研究设计

1. 理论基础

（1）话语分析理论

话语分析主要指对自然发生的、有关联的口语或书面语的语言分析，它主要研究句子和分句以上层次的语言构造。话语分析遵循以下一般原则：话语是社会成员的社会活动，重视语义、上下文、社会文化语境以及话语各个成分和层次的联系；研究话语中的语法规则、语篇规则、交际规则和策略，重视认知的作用。话语分析可以进一步二分为语篇分析和会话分析。语篇分析的对象是书面话语，会话分析的对象是口头会话过程。其中，会话分析主要考察日常会话的整体结构和局部结构，揭示人们在实际语言交际过程中所遵循的规则，以及会话中连贯的话语是怎样构成的、语句间是如何制约的。话语分析中认知分析法注意话语的生成和理解；社会文化分析法把话语当作交际动作来分析，注重语言的社会功能，分析与话语有关的各种社会文化因素。

（2）语言功能理论

Halliday（1970）提出语言具有概念作用、人际作用和连接作用等三种不同的功能。其中，概念作用指语言是用来"表达内容的"；人际作用指语言是用来"建立和维系社会关系的"；连接作用指语言可以"与其自身相连接以及与使用该语言的情境特征相连接"，连接作用使得说话人可以构建出相互关联的话语。话语标记通常缺乏语义或命题内容，与人际作用和连接作用相比，它的概念作用十分虚化，对于话语表达并不那么重要。从话语标记作用的具体效果来看，具有人际作用的话语标记可以表达说话人的态度、评价和感受，而具有连接作用的话语标记可以使话语更加连贯。

（3）跨文化语用学理论

跨文化语用学研究不同文化背景的语言使用者的语言行为（Kasper & Blum-Kulka，1993）。它可以划分为两大类：对比语用学和中介语语用学（LoCastro，2003）。对比语用学通过比较跨文化和跨语言的言语行为来了解说话人的言语行为如何反映其背景，中介语语用学则研究学习者习得和使用第二语言或外国语言的语用能力。传统的中介语语用学研究主要通过与"理想的"母语说话人数据的比较，研究非母语学习者如何使用和习得某一言语行为。本研究具有鲜明的跨文化语用研究特色，主要探讨的是高级汉语水平留学生如何使用汉语中的语义弱化连词类话语标记，并从跨文化的角度分析影响留学生使用这些话语标记的各类因素。

（4）第二语言习得理论

Ellis（2013）在其著名的《第二语言习得研究》一书中，提出了一个第二语言习得研究的理论框架，见表1-1。

表 1-1 Ellis 第二语言习得研究的理论框架

研究领域	领域一	领域二	领域三	领域四
	学习者的语言特征	学习者的外部因素	学习者的内部学习机制	语言学习者
研究内容	偏误分析 习得顺序与发展过程 变异性 语用特征	社会环境 输入与互动	第一语言迁移 学习过程 交际策略 语言普遍性	一般个体因素
研究对象	← 聚焦于学习 →			← 聚焦于学习者 →
研究方法	← 描写 →	← 解释 →		

如上表所示，国内外第二语言习得研究学界公认的理论框架包括四大领域，分别是学习者的语言特征研究、学习者的外部因素研究、学习者的内部学习机制研究以及学习者研究。该框架非常完善，对汉语作为第二语言的习得研究具有重要的参考作用。

学习者的语言特征研究包括对学习者在具体语境中为实现交际目的而使用第二语言时所表现出的语用特征的研究，而第二语言学习者只有掌握了话语标记的语用作用，才能在口语表达中适时、适当地使用话语标记。因此，基于第二语言学习者独白语料的话语标记策略研究，应该在第二语言习得研究的理论框架下，描写话语标记的语用特征，并从学习者的外部因素、内部学习机制和主体间差异等角度探讨、解释第二语言学习者口语中话语标记的语用特征。

2. 研究内容

本研究将基于高级汉语水平留学生和汉语母语者独白语料，重点研究留学生弱连标记策略，分析留学生汉语中介语系统中弱连标记策略的形成原因。具体研究内容包括以下几个方面：

第一，根据前人研究成果，结合语料中具体用例的特点，确定弱连标记的形式特点和话语功能。在此基础上，对留学生使用弱连标记的数量、频率以及话语功能分布等进行描述性统计分析。

第二，研究留学生弱连标记的语篇模式构建策略。以独白中弱连标记的分布位置为依据，分析弱连标记在语篇模式构建中的作用，确定留学生运用弱连标记所构建的语篇模式类型，探讨留学生弱连标记的语篇模式构建策略。另外，对比留学生与汉语母语者的独白语篇模式，讨论上述两类说话人运用弱连标记构建语篇模式策略的差异。

第三，研究留学生弱连标记的语体顺应策略。以独白的正式程度为标准，将独白分为较正式、较随意和随意等三种语体，基于不同语体的语料，分析留学生如何通过弱连标记的使用数量、使用频率、话语功能，以及单独标记的差异化选用来顺应语体要求，凸显语体特征。

第四，研究留学生弱连标记的体裁顺应策略。将独白分为叙述和论述两类体裁，基于不同体裁的语料，分析留学生如何通过弱连标记的使用数量、使用频率、话语功能，以及单独标记的差异化选用来适应不同体裁的表达需求，实现语言组织的体裁性差异。

第五，研究留学生弱连标记的社会文化策略。基于留学生的社会文化身份，重点分析不同性别和职业背景的留学生如何通过弱连标记的使用数量、使用频率、话语功能，以及单独标记的差异化选用来彰显其社会文化身份，并探讨社会文化策略的形成原因。

第六，从自然口语接触密度、语用迁移和汉语水平等方面讨论留学生弱连标记策略的形成原因，并阐释三大因素之间的相互关系，分析留学生如何提升弱连标记策略能力。

3. 研究语料

（1）语料采集范围

本研究的语料采集范围包括高级汉语水平留学生和汉语母语者独白。其中，留学生均来自北京语言大学，汉语水平达到 HSK（新）五级（含）以上，而且绝大多数是在校语言进修生，另有一小部分是在读硕士研究生；汉语母语者为北京语言大学的研究生和年轻教师，专业背景以汉语国际教育为主，另有一部分人的专业是汉语言文字学、语言学及应用语言学、课程与教学论以及外国语言文学。汉语母语者都接触过或者正在从事汉语国际教育相关工作。我们之所以选择北京语言大学的留学生、中国学生和教师作为语料采集对象，主要是考虑了言语社区问题。

一个言语社区是由经常交往的人们组成的，这些人讲相同的语言或者用相同的方法来解释在某一地区普遍使用的不同语言变体（Mesthrie et al.，2000）。所有参与本研究的说话人同在北京语言大学学习、生活或工作，拥有相似的汉语生活，并且彼此之间的交际范围有所交叉，可以视为来自同一个言语社区。在这种情况下，本研究的说话人对包括弱连标记在内的各种汉语语用手段及其使用情况具有较为相似的接受度和认同感，他们在汉语交际过程中的语用习惯以及弱连标记的选用也相对一致。此外，来自同一学校的留学生，其在汉语学习过程中受到的教师和教材的影响趋于相同，这能够保证留学生汉语独白中弱连标记的使用情况尽可能少地受到其他因素影响，有利于增强本研究结果的可控性。

与此同时，因为本研究要探讨来华留学生的母语文化背景、汉语水平以及自然口语接触密度等因素对弱连标记策略的影响，所以在说话人的选择上，尽量做到不同因素下两个组别人数均衡。母语文化背景包括汉字文化圈国家和欧美国家两个组别；汉语水平包括 HSK（新）五级和六级两个组别；自然口语接触密度包括接触密度较大和接触密度较小两个组别，其中接触密度的确定以说话人接触汉语母语者的时间、人群和方式等因素为依据，下文将做出详细说明。另外，本研究将从性别和职业背景两个角度，考察留学生使用弱连标记的社会文化策略，因此，在说话人的选择上，兼顾性别平衡以及学生和职员背景人数平衡。

（2）说话人基本构成

本研究中，来华留学生共计 80 人（详见附录 1）。按照本研究所涉及的变量进行统计，各组人数如表 1-2 所示。

表 1-2　来华留学生分组情况表

变量	组别	人数
母语文化背景	汉字文化圈国家（包括日本、韩国和越南等）	42
	欧美国家（包括英国、法国、美国和荷兰等）	38

（续表）

变量	组别	人数
汉语水平	HSK（新）五级	44
	HSK（新）六级	36
自然口语接触密度	与自然汉语口语接触密度较大	35
	与自然汉语口语接触密度较小	45
性别	男性	32
	女性	48
职业背景	学生背景	41
	职员背景	39

除来华留学生外，汉语母语者共计 64 人（详见附录 2），包括 30 名男性和 34 名女性。其中，从职业身份来看，青年教师共计 22 人，在读硕士研究生共计 42 人；从专业背景来看，汉语国际教育专业共计 49 人，文学、外语及新闻等其他专业共计 15 人；从年龄段来看，25 岁以下（含）共计 43 人，25 岁至 35 岁共计 21 人。

（3）语料采集时间与方式

为确保独白不受研究目的的影响，在录音之前，我们未告知参与本研究的说话人希望在其独白中得到什么样的结果，所以他们不会在独白过程中刻意多用或者少用弱连标记。在录音采集完成之后，我们向每个说话人介绍了本研究的内容和目的，并征得他们的同意，在研究中使用其弱连标记的相关数据。

本研究的语料采集从 2017 年 10 月开始，于 2019 年 1 月完成。其中，来华留学生的录音采集时间是 2017 年 10 月至 2018 年 7 月，汉语母语者的录音采集时间是 2018 年 9 月至 2019 年 1 月。每个说话人的录音采集工作均单独完成，说话人独自在一间教室内，按照任务说明，使用录音笔记录自己的独白。

（4）录音任务设计

本研究的内容之一是要讨论留学生弱连标记的语体顺应策略，所以我们将独白任务设计成三个部分，即随意语体下的自由表达、比较随意语体下的话题表达和比较正式语体下的故事复述。

在自由表达中，说话人不受任何限制，任务说明中仅提供一些提示词，以防说话人无从谈起，心理压力过大。提示词包括个人信息、兴趣爱好、学习经历和业余生活。根据 Labov（1984）的研究，提示词可以引导个人经历的叙述，在这种叙述中可以明确地体现出群体规范和个人交流风格，而且说话风格通常会朝着个人的方言有规律地转变。

在话题表达中，说话人在一定程度上受到话题限制，不能不着边际地随意表达。为确保每个说话人都有话可说，任务说明中提供两个题签，说话人可以选择其一进行即兴表达。最不会意识到自我的会话来源于能够让参与者密切参与的话题（Feagin，2002）。因此，本研究所有话题均为当代中国乃至世界范围内的热点话题（详见表 1-3），说话人对这些话题较为熟悉，能够深入讨论。在话题的呈现方式上，每个话题的题签上除题目描述以外，还提供该话题可能涉及的关键词。例如：

话题 1：网络在日常生活中利大于弊还是弊大于利？（关键词：网络与生活、利与弊）

话题 2：购物时追求品牌还是讲求个人感受？（关键词：消费观、代际差异）

我们希望通过话题的设置与呈现方式的设计，尽可能地引导说话人不仅有话可说，而且能够多说，从而达到忘我状态的自然口语表达。除此以外，本研究要探讨留学生弱连标记的体裁顺应策略，所以话题包括 8 个叙述性话题和 8 个论述性话题，如表 1-3 所示：

表 1-3　本研究所用话题

序号	叙述性话题	序号	论述性话题
1	介绍一位令你钦佩的人。	1	孩子应该参加课外辅导还是享受业余时光？
2	介绍一座你喜欢的城市。	2	力保经济发展速度还是降速保环境？
3	介绍一下你家的代际关系。	3	网络在日常生活中利大于弊还是弊大于利？
4	介绍某个国家的地区差异。	4	语言应该统一化还是保持多样性？
5	介绍一下你和宠物间的趣事。	5	购物时追求品牌还是讲求个人感受？
6	介绍一次倒霉的经历。	6	女性地位提高了还是男女差距拉大了？
7	介绍一次难忘的旅行经历。	7	你相信一见钟情还是日久生情？
8	介绍一下理想的老年生活。	8	机关单位的工作好还是公司企业的工作好？

在操作过程中，为保证完成叙述型独白和论述型独白的人数相对均衡，每

个说话人拿到的题签包括一个叙述性话题和一个论述性话题。如果前期录音采集过程中说话人选取某一类话题较多，就在后期录音采集时对题签安排做出相应调整，增加另一类话题的安排频率，从而提高这类独白数量。

在故事复述中，复述内容包括中国寓言、神话和成语故事等，复述文本均经过改编，字数在 500 ～ 600 字之间。说话人可以先用 5 分钟时间阅读、理解故事，然后复述故事。复述时受到有脚本口语表达特点、心理紧张程度、表达完整度和准确度的影响，语体的正式程度得以提升。本研究共使用了八个故事，分别为《掩耳盗铃》《凿壁借光》《买椟还珠》《小马过河》《邯郸学步》《愚公移山》《守株待兔》和《东郭先生和狼》。

（5）语料采集步骤

本研究语料采集按照"自由表达—故事复述—话题表达—单独采访"的步骤依次进行。说话人在单独录音时依次完成前三个步骤，待独白完全结束以后，研究者对说话人进行简短的单独采访，主要了解与本研究变量相关的信息，比如说话人的母语文化和职业背景、来华学习时间、汉语水平以及与汉语母语者的交际范围和接触时间等。

自然口语接触密度对留学生弱连标记策略的影响是本研究重点关注的问题。为了对接触密度做出量化，我们在 Milroy（2002）社会网络理论指导下，设计了来华留学生与自然汉语口语接触强度调查表（详见附录 3）和来华留学生与自然汉语口语接触时间调查表（详见附录 4）。这两份调查表主要考察留学生对汉语社群的融入程度及其与汉语母语者的接触频度。其中，接触强度调查表参考了 Milroy 夫妇在贝尔法斯特调查中采用的六分制等级测量方法，由参与本研究的说话人对调查表中所提及的情况进行自我评定式打分，调查表中所描述的情况与自身情况一致，打 5 分，情况有所差异，则根据一致程度的变化，从 4 分到 1 分逐级降低分数，如果情况完全不同，则打 0 分；接触时间调查表由说话人针对调查表所提及的各个方面，根据实际情况，估算出一个小时数，以此完成调查。在单独采访的过程中，研究者根据调查表询问说话人相关情况，请他们如实回答，最后由研究者完成表格，以保证调查表的回收率和有效率均达到 100%。最终，自然口语接触密度的大小根据调查数据得出。自我评定式打分的得分在 30 分以上，同时参考其自然口语接触时间，若二者显示正相关，则被认定为接触密度较大；自我评定式打分的得分在 30 分（含）以下，同时参考其自然口语接触时间，若二者显示正相关，则被认定为接触密度较小。

（6）语料的转写

留学生录音采集完成后，经统计，录音总时长 577.13 分钟，最长一段录音时长 17.42 分钟，最短一段录音时长 4.52 分钟，平均时长 8.24 分钟。我们对所有录音进行文字转写。转写过程中遇到说话人语音含混、录音音质不清的地方时，为尽可能地保证转写数据的准确性，我们请三位有十年以上教龄、熟悉留学生发音特点的汉语教师进行核对，最大程度地还原说话人的意思。

汉语母语者录音采集完成后，经统计，录音总时长 431.02 分钟，最长一段录音时长 14.17 分钟，最短一段录音时长 3.08 分钟，平均时长 6.73 分钟。我们对所有录音进行了文字转写。为保证转写数据的准确性，转写完成后，我们请一位汉语教师对转写材料进行了核对。

本研究在转写语料时，大致遵循了 Müller（2005）的规范，基本转写符号如表 1-4 所示：

表 1-4　转写符号列表

序号	转写符号	符号代表的意义
1	——	音节的长时延长
2	—	音节的短时延长
3	XXXX	转写者无法从录音中分辨的音节
4	（ ）	转写者的猜测、情况说明或者补充
5	……	转写者无法从录音中确定的话语内容
6	P10	停顿，P 后的数字表示大概停顿的秒数

（7）语料的整理

语料转写完成后，我们对语料进行编号整理，形成了一个文本语料库。在编号安排上，采用字母和数字组合的方式。不同的字母代表不同的说话人群体，其中，字母 E 代表说话人来自欧美国家，H 代表说话人来自汉字文化圈国家，M 代表汉语母语者；不同的数字代表说话人的录音采集顺序。比如，编号 E01 代表该语料是欧美国家第一位说话人的录音转写语料，编号 H12 代表该语料是汉字文化圈国家第十二位说话人的录音转写语料，编号 M07 代表该语料是第七位汉语母语者说话人的录音转写语料。在本研究后续行文中，每条例句明确标示编号，以便在文本库中查询。

4. 研究方法

（1）对比分析法

本研究以高级汉语水平留学生和汉语母语者独白录音为原始材料，两个群体的语料相对同质，录音采集的步骤、讨论的话题、复述的故事等基本相同，而且录音转写后的语料规模相当。基于语料，本研究对留学生与汉语母语者弱连标记使用情况进行对比分析，以发现留学生使用这类标记策略的特征。

（2）定性分析法

本研究根据话语分析的相关理论，对语料中的连词逐一甄别，找出作为话语标记使用的语义弱化连词，并且对这类话语标记的形式特点和语用功能进行定性描写，通过具体用例，说明弱连标记的典型用法。另外，本研究还对不同性别、母语文化及职业背景、接触密度以及汉语水平留学生的弱连标记策略进行定性分析，讨论不同策略的形成原因。

（3）定量分析法

本研究基于弱连标记的使用数量、使用频率及功能分布等数据统计结果，做出定量分析。其中，说话人弱连标记使用频率是根据转写文本中每 1000 字内该标记的出现次数计算得出的千字频。在分别计算总体标记和单独标记千字频的基础上，我们使用社会科学统计软件（SPSS19.0）对数据进行检验分析，以此验证留学生使用弱连标记的各类策略，并分析不同群体间策略的差异。

（4）调查法

本研究在获取说话人背景信息，区分留学生自然口语接触密度时，采用问卷和访谈相结合的调查法。其中，以社会网络理论为指导，设计了来华留学生与自然汉语口语接触强度调查表和来华留学生与自然汉语口语接触时间调查表，并以调查数据为依据，确定留学生与自然口语的接触密度。另外，通过单独访谈，了解留学生的母语文化背景、学习经历、第一外语语种及水平、学习汉语的起始时间、来华时间、汉语水平以及个性特点等，为研究分组和论证分析提供信息支撑。

第二章

独白体语义弱化连词话语标记

一、 判断标准

我们在语料考察中发现，说话人为了按照既定目标连续完整地表达意思、阐述话语，在组织语言的过程中付出了极大努力。尽管如此，受到个人认知、思维以及语言表达能力的影响，说话人话语表达仍存在不连贯的问题。在这种情况下，说话人使用各类话语标记，加强独白的连贯性。其中，很多连词在高频使用过程中语义明显弱化，仅表示程序意义，起话语标记作用。

我们将独白体语义弱化连词话语标记定义为：从形式上看，它由连词虚化而来；从功能上看，它在说话人独白过程中发挥着重要的语篇组织功能，能够标明前后话语之间的关系，使后续话语与前述话语保持连贯，肯定、确认或者否定前述话语中的旧信息，提示、凸显后续话语中的新信息，在前后话语之间起到"串联""黏合剂"或者"路标"的作用。

按照这一定义，参考学界关于话语标记研究范畴的共识，同时兼顾话语标记甄别工作的可操作性，我们认为弱连标记的判断标准包括以下几点：

（1）语音形式上，发音比较轻、短，甚至含混不清，也有拖长音的现象。

（2）独立性较强，一般都会有停顿、叹词或语音的拖长等将其与前后话语隔开，并且不与语义相对应的连词搭配使用。

（3）话语位置分布比较灵活，在话语表达开始时、过程中和结束时都可能出现。

（4）不表达任何概念意义，它们的出现不会影响语句命题的真值语义。

（5）语法上具有可选择性，出现或不出现均不影响话语表达的句法准确性。

（6）在语篇中主要发挥程序作用，表达话语之间的某种联系，有助于听话人准确理解说话人的交际意图。

（7）能够体现出说话人在语言形式的选择和调控方面的元语用意识。

以上几点是从语音、句法、语义以及语用等方面归纳出的对弱连标记的判断标准。如果一个连词在独白语篇中切实起到了话语标记作用，那么它应该符合以上几个条件，换言之，它应该表现出以上特点。

依据上述标准，我们在留学生和汉语母语者20余万字的独白语料中一共甄别出6个弱连标记，分别是"所以""然后""但是""而且""还有"和"那（么）"。

二、形式特点

从留学生和汉语母语者的独白语料可以看出，说话人大量使用弱连标记，以增强独白语篇的连贯性。与汉语母语者相比，留学生受到汉语水平和表达能力的限制，其独白中弱连标记的语音形式和搭配连用等方面具有一定的形式特点。

1.语音方面

弱连标记在留学生独白的语流过程中发生了明显的语音变化，主要表现为以下几点：

（1）拖长音

[1]情景：说话人复述成语故事《守株待兔》。

后来他—呃—一直找一找兔子嘛，**所以**—呃，每天—坐—树下，希望那个—找到—已经死的兔子，但是找不到。(H24)

[2]情景：说话人进行自由表达。

……我希望我这匹千里马可以赶快找到我的伯乐，然后发挥我的自己的潜能。**还有**—呃我是1995年生，出生，在中国的话应该是23岁。(H05)

[3]情景：说话人做关于喜欢的城市的话题表达。

呃P4就是我—我在巴黎散散步的时候，嗯—总是会怕陌生人来—来找我，跟我说话等等。呃但是—嗯在北京不是这样，不一定是这样，**然后**—嗯尤其是坐地铁的时候，如果我—呃我在巴黎坐地铁的时候一般会很紧张，可是—在北京嗯—比较有安全感。(E04)

[4]情景：说话人进行自由表达。

呃—我有一共三个专业，一个是双，双专业，还有一个是附，附属，附属专业，就是—呃比较文学。然后，呃政政治，政治—外，外交，然后一个是教

育，噢，对。**那**——到这里吧。（H07）

例［1］中，说话人先介绍农夫捡到第一只死兔子后一直在寻找新的兔子，然后使用"所以"引出农夫是如何寻找兔子的，后续话语是对前述话语的具体描述，通过引入细节，顺承复述内容。此处的"所以"出现明显的拖长音，"所"的发音比较轻、短，而重音落在"以"上，音节拖得较长。

例［2］中，说话人先介绍了自己的特点，并希望早日遇到伯乐，发挥潜能，然后使用"还有"将话题转变，进而介绍自己的年龄等个人信息。此处"还有"的重音落在"有"上，音节拖长。

例［3］中，说话人对比巴黎和北京给他的不同感受，先介绍北京不会出现遭遇陌生人搭讪的问题，接着使用"然后"引出乘坐地铁时的具体感受，将话题引向具体事例，从而延续独白。此处"然后"的重音落在"后"上，音节拖长。

例［4］中，说话人先介绍自己的专业背景，完成之后，使用"那"将自由表达引向结束。此处"那"出现明显的拖长音。

（2）吞音

因为弱连标记发音较快、较轻，而且后面会迅速接上后续话语，所以会出现吞音现象。其中，"所以"的吞音现象尤为明显，它的语音重音一般放在"所"上，"以"的发音则较为模糊，没有完全发出来，听起来很像［so⁴³³］。如：

［5］情景：说话人复述寓言故事《东郭先生和狼》。

追那只狼的人来了，他就说你，看，看了没有那只狼，所以东先生没，说没看见没看见，所以那个——嗯—那个人走远了。**所（以）**，然后那个东先生放—呃，放那只狼，放那只狼出来。（H20）

例［5］中，说话人复述完猎人得知东郭先生没有看到狼而离开后，出现表达空白，一时想不起后续内容，使用"所（以）"占据和填充了话语空白。此处，说话人的语音重音放在"所"上，声调不但没有因为"以"同为第三声而发成第二声，反而有些向下降，而"以"则被吞音，发音又轻又短，非常模糊。

2.搭配连用方面

弱连标记除了单独使用以外，还会与其他词语搭配，共同出现在话语组织的过程中。据考察，经常与弱连标记共现的词语包括一系列叹词、个别语气词以及其他类话语标记等。另外，弱连标记内部成员之间也存在连用的情况。

（1）与叹词连用

叹词能够起到避免语流中断，完成说话人期望的交际功能，体现说话人对交际活动自身连贯性的关注等话语功能（李咸菊，2008）。因此，与叹词搭配使用有时能够起到加强某一种话语功能的作用。我们考察发现，与弱连标记搭配使用的叹词有"呃、啊、嗯、哦、欸"等。如：

［6］情景：说话人进行自由表达。

……我看到他的名字的时候，发现了卢姓，跟我一样的，啊所以我很想知道，还有我—我以前我以前听说过姓卢的一些，从中国，可能从中国来的，从中国来的。**所以—呃**—不是来的，我的先祖就是可能在中国住的人。（H04）

［7］情景：说话人进行自由表达。

啊—我现在是在北语啊—待一年。嗯—现在是啊—中国政府的奖学金生。**还有—啊**—我在美国啊—我的大学，我—我已经上了三年的本科，所以我可能算是大学生吧。（E36）

［8］情景：说话人做关于网络利与弊的话题表达。

……欸还有可以看电影，嗯要看什么电影不要去电影院，如果天气不好下雨什么的，那就不用。**嗯然后嗯**—很多—很多好处，很多好处。（E38）

［9］情景：说话人复述《愚公移山》的故事。

……还有我孙子，还有他们儿子，所以我们一代一代，呃，会，会成功。呃——P1，**所以，哦**，然后有这个，这座山的一个，呃—神明？是山神？呃——他觉得很感动，所以他帮，他帮愚公和他的家人搬走这两座山。（E20）

［10］情景：说话人进行自由表达。

呃我学过—嗯工欸工艺美术，在一个工艺美术学院学—学艺术。**然后—欸**—同时也在——哎—孔子学院—哎学汉语。（E38）

例［6］中，说话人讲述自己姓氏的来历等信息，认为韩国卢姓是从中国传入的，之后认为自己的表述不准确，通过使用"所以"及与之紧密相连的叹词"呃"引出了祖先居住在中国的表达，对前面的话语做出了修正。

例［7］中，说话人介绍自己的学习经历，先说明自己目前获得奖学金，在北语学习，然后使用"还有"及与之连用的叹词"啊"引出自己在美国的学习情况，从新的角度继续针对学习经历的话题进行表达。

例［8］中，说话人先介绍上网看电影可以不受天气影响等网络带来的便利，然后使用"然后"及与之连用的叹词"嗯"引出网络有很多好处的概括性表达，从而对前述话语做出总结。

例［9］中，说话人在复述愚公回应智叟的质疑之后，本想接着介绍山神给予愚公帮助，搬走两座大山的内容，但是因为思路中断，话语出现空白，说话人先说了叹词"呃"，并明显停顿之后，又使用"所以"和叹词"哦"等来填充空白。

例［10］中，说话人介绍学习经历，先说明自己学习过工艺美术，接着使用"然后"和叹词"欸"引出学习汉语的情况，从新的角度顺接话题表达。

（2）与语气词连用

与弱连标记搭配使用的语气词只有"呢"。如：

［11］情景：说话人做关于年轻人择业观的话题表达。

……那—有很多外国的公司……有很多人有很多学生，他们大学毕业以后，呃外语的水平也不太好，所以呃—还呢—呃还没符合嗯—呢外国公司的要求……呃再说呢，现在在一个—国家的—机关，国家机关工作也也也很难，因为他们已经有了—呃很多人员了，就够了。……**所以呢**，现在呃—在我们国家—找工作是一个—比较难的问题。（H33）

［12］情景：说话人进行自由表达。

呃—我的专业是中文老师，是在这儿是中文老师的专业，但是以前的专业是英文老师。**然后呢**我的爱好是什么，我的爱好就是旅游，没有别的爱好，还有看书。（E29）

例［11］中，说话人在前面的话语中介绍了越南年轻人无论去外企工作还是去国家机关工作都很难，并且细致描述了其中的原因。紧接着，说话人使用"所以"及与之连用的语气词"呢"引出了对前面话语的总结和概括。

例［12］中，说话人先介绍了自己的专业背景，接着使用"然后"及与之连用的语气词"呢"转换话语主题，转而介绍个人爱好。

（3）与非弱连类话语标记连用

留学生汉语独白中，"那个"也是常见的话语标记。我们考察发现，弱连标记会与"那个"连用。如：

［13］情景：说话人复述成语故事《邯郸学步》。

……他去了大街，那个，来来往往的那个，那个别人，呃—一边看一边走，琢磨，但是他不知道—怎么走路方，用怎么走路方法，**所以—那个—那个**，啊—认识了那个来一个人，所以那个他决定，啊—他学那个人……（H19）

［14］情景：说话人复述成语故事《守株待兔》。

……啊他发现了他秋天的啊—收成不太好，**然后—那个**—第二啊—但是明年春节的时啊—春天的时候发现了他—啊—吃不上饭。（E28）

例［13］中，说话人介绍完燕国年轻人在邯郸大街上观察人们走路姿势之后，使用"所以"和"那个"填充话语空白，然后复述该年轻人跟着一个路人学习走路的内容。

例［14］中，说话人先介绍农夫不务正业，庄稼荒废，秋天的收成不好，然后一时想不起后续内容，于是使用"然后"和"那个"填充话语空白，接着介绍明年春天时的悲惨境况。

（4）弱连标记连用

某个弱连标记会与其他此类标记连用，也会重复使用。如：

［15］情景：说话人复述成语故事《愚公移山》。

……呃——然后—大家都没办法，所以他提议说，嗯—要是我们把这—把这两座山搬走。呃——**所以然后**—呃—他们决定这样，这，这办法还好……（E20）

［16］情景：说话人做关于网络利与弊的话题表达。

……尤其是在美国，他们想知道欧洲朋友呃发生了什么事儿，因为他们离欧洲很远嘛，**所以，但是，所以**呃—除了报纸，报纸的新闻来得很迟、很晚，嗯，比较晚，所以比较快的方快速的方式就是去这个电影院，看这些—算是视频吧，因为都是短的……（E21）

［17］情景：说话人进行自由表达。

……以前我做一个特别的跳舞，就是钢管舞，不知道老师知道不知道。

对，但是一出国留学到中国我就停了，但是没关系。嗯，然后，还需要说什么，嗯一**所以₁**——**所以₂**就完了。（E24）

例［15］和［16］中，说话人在表达过程中思路中断，出现了暂时性的话语空白，为了使整段话语在感知上显得连贯，说话人分别重复使用了弱连标记"所以"和"然后"以及"所以"和"但是"，提示听话人话语表达并未结束。

例［17］中，说话人进行自由表达，介绍完自己的兴趣爱好之后，不知道继续说些什么，甚至在表达中直接说出了"还需要说什么"这样的话。话语表达出现空白，大脑在迅速寻找后续话语，口头使用"**所以₁**"填充空白，当寻找无果之后，再次使用"**所以₂**"引出"就完了"，从而结束话语表达。

如上所述，留学生弱连标记的形式特点主要表现在语音和搭配连用两个方面，同时也存在重复使用的特殊形式。

对比留学生语料与汉语母语者语料，可以发现留学生弱连标记在语音方面以拖长音为主，而汉语母语者吞音现象更普遍，这可能与留学生汉语语音能力有关系。完整、准确地发出音节，不仅是汉语教学目标，而且是留学生养成的语音意识，拖长音尽管音节拉长，但是发音完整，符合留学生汉语发音习惯。相比于拖长音，吞音需要流畅的发音过程，既要保证发音部位和方法准确，又要迅速完成音节过渡，难度更大，留学生较少选择吞音。不过，"所以"的发音与英语中的对应词语"so"相似，留学生熟悉该音节的发音习惯，容易形成吞音。此外，在搭配连用方面，留学生弱连标记主要与叹词"呃"和"欸"连用，而汉语母语者弱连标记主要与叹词"嗯"共现，这可能与留学生母语语音的影响有关系。日语、西班牙语和英语等语言中均有元音 [e]，而且这些语言的母语者口语中都会使用类似于"呃""欸"的音节来衔接话语，留学生选择"呃"和"欸"符合省力原则，而"呃"和"欸"发音相似，前者开口度更小，受省力原则影响，留学生选择"呃"更为普遍。

三、 话语功能

方梅（2000）在总结西方研究成果的基础上，运用话语分析理论分析了汉语自然口语中连词的话语标记功能，认为"连词在使用中常常发生语义弱化，不表达明确的真值语义关系，而被用作具有组织言谈功能的话语标记"，并指出语义弱化连词的主要话语功能包括话语组织功能和言语行为功能。话语组织功能包括话题前景化和话题切换等，言语行为功能包括话轮转接和话轮延续等。

前人研究基本上以日常对话为语料，论述这类标记在人际对话中的话语功能。本研究以说话人单方面、长时间的独白为语料，受独白表达特点影响，弱连标记的功能主要体现在语篇组织上。说话人通过使用这类标记，突出独白活动的连贯性。而"交际活动的连贯性既包含形式连贯，也包含内容连贯"（刘丽艳，2005），因此，弱连标记在独白语篇的形式连贯和内容连贯方面发挥着重要作用，具有形式连贯功能和内容连贯功能。

1. 形式连贯功能

根据巴赫金提出的对话性概念，独白等非对话体的描写和叙述中也同样存在着对话性，发话者所做的独白语篇是其与假想的听话者之间潜对话的结果，其中自然包含日常自由会话中常用的标志着交际进程和受话者参与的话语标记。弱连标记的形式连贯功能就是受到独白语篇对话性特点的影响而凸显出来的。

通过语料分析可以发现，形式连贯功能主要表现在标志话语表达起始点和终结点以及填充话语表达空白等方面。

（1）开始话语表达的标记功能

弱连标记用在说话人话语表达正式展开之前，其后直接引出的话语一般概括性较强，或者是确定下来的谈论主题，或者是对后续话语内容的概述，接下来说话人会对此进行详细说明或论述，从而使独白逐渐展开。因此，这类位于话语开端之处的标记，其话语功能主要表现为引起听话人注意，预示话语即将开启。如：

［18］情景：说话人复述成语故事《愚公移山》。

所以故事呢——嗯这个故事—是关于一个老人叫愚公……（E37）

［19］情景：说话人进行自由表达。

那—自我介绍。我的名字叫安德鲁，呃—这是从我英文的名字直接音译，呃翻译到呃中文的……（E35）

［20］情景：说话人做关于网络利与弊的话题表达。

然后呃——说到这个话题，网络——给我的生活带来了好处，也带来了坏处……（H06）

[21]情景：说话人做介绍某个城市的话题表达。

还有，嗯——来介绍一个自己喜欢的城市。我在日本，就是——住在日本的大阪……（H10）

[22]情景：说话人做介绍某个城市的话题表达。

那—自由表达，其中我选择喜欢的城市这个主题。呃—说到喜欢的城市，其实我自己呃去过的城市并不是很多，呃所以我想就说一下自己居住时间还算比较长的北京这样一个城市。（M01）

例[18]中，"故事"即复述故事，是说话人对该部分独白的概括，也可以视为说话人对该部分独白类型的说明，说话人使用"所以"将这一话语主题引出，设立了这部分独白的起始点，后续话语都是对《愚公移山》的具体复述。

例[19]中，说话人要进行自由表达，他使用稍微拖了长音的"那"来引出该部分独白的主题，即"自我介绍"，由此开启这一部分的独白。在后续话语中，说话人围绕这一主题具体介绍了自己的姓名、国籍和学习经历等。

例[20]中，说话人在完成了自由表达和故事复述之后，即将开始第三部分独白，即话题表达。在稍作停顿以后，他使用"然后"引出话语主题"网络给我的生活带来了好处，也带来了坏处"，从而开启了这部分独白，在后续话语中进一步阐明网络的利与弊。

例[21]中，说话人同样是在完成了自由表达和故事复述之后，即将开始话题表达。在稍作停顿以后，他使用"还有"引出话语主题"介绍一个自己喜欢的城市"，由此开始独白，并在后续话语中具体描述了大阪的特点，详细说明了喜欢大阪的原因。

例[22]中，说话人同样是在完成了自由表达和故事复述之后，即将开始话题表达。在稍作停顿以后，他使用"那"引出这部分独白的性质"自由表达"，并在后续话语中指出自己要介绍的城市是北京，由此开始对北京的历史、气候、饮食和经济等方面进行详细说明。

（2）归结话语表达的标记功能

独白过程中，随着话语的展开，说话人的思维不断发散，话语内容的聚焦程度随之降低。为了使语义表达在形式上趋于集中，说话人在延续话语的同时，常常会对前述话语进行简短归结，以提示听话人这一段独白到此结束。这种归结可能是直接引出结束语，从而结束整个独白；也可能是对前述话语进行小结，从而结束这个主题的表述，开启新的话语主题；还可能是针对前述内容表达个人态度，进而结束这部分表达。如：

〔23〕情景：说话人做关于代际关系的话题表达。

……呃—他们很鼓励我说—就你想要读什么你就读什么，呃我们会支持你，呃—钱不是问题。**然后**呃—嗯是这样。（E16）

〔24〕情景：说话人进行自由表达。

……两个人都到了英国读书。然后—马上到了的时候马上就交朋友，然后一直就在一起了，这就是我。**那么**—好的，这样。谢谢！（E34）

〔25〕情景：说话人做关于女性社会地位变化的话题表达。

我的姐姐她是35岁，啊她只刚刚有一个孩子。为什么？因为她两年前她啊结婚了。因为呃因为她只想有很好的工作，只想啊—赚钱。呃—因为她想买自己的房子，自己的车—车，啊—嗯啊—旅游。啊—**所以**对—我觉得对她来说成功比—啊回归家庭很—更重要。（E06）

〔26〕情景：说话人做关于城市介绍的话题表达。

……有一个大阪的有—特产的那个有一个吃的东西，但是我怎么做不知道，他们帮我做，但是东京，如果去东京有这样的事情，东京的饭店没有这样的，一般—他们—说怎么做，然后我们自己做。**所以**我—觉得大阪的人很热情。（H21）

〔27〕情景：说话人进行自由表达。

……还是很希望可以从现在的这种网络文化里挖掘一些跟传统文化相关的东西，嗯也不是出于什么样的理想或者说功利的目的吧，单纯地比较喜欢，觉得还是蛮有意思的。嗯好，**那**自我介绍就到这儿。（M57）

例〔23〕中，说话人介绍家庭内部的代际关系。他在前面的话语中详细说明了自己与父亲和母亲的关系，并重点谈及了父母对自己的支持。在独白即将结束的时候，说话人使用"然后"直接引出"呃—嗯是这样"，表示自己对前述内容的肯定，从而设立了独白的结束点，标志着话题表达到此结束。

例〔24〕中，说话人介绍自己的个人情况。他在前面的话语中介绍了自己的兴趣爱好、日常生活和恋爱经历，然后使用"那么"直接引出"好的，这样。谢谢!"，以此作为结束语，提示听话人整段自由表达到此结束。

例〔25〕中，说话人介绍自己国家女性地位的变化，以自己的姐姐为例，说明女性的思想发生了变化，地位也不同了。说话人介绍姐姐晚婚晚育，并说明了原因。最后，说话人对自己前述话语进行小结，使用"所以"引导出总结性话语，认为姐姐更看重自身的成功。

例〔26〕中，说话人介绍自己喜欢的城市。他在前面的话语中介绍了大阪和东京之间的诸多不同之处，其中重点介绍了两地民众的性格差异。说话人讲述了自己的亲身经历，然后使用"所以"引出自己对大阪人的态度和看法，并以此归结前述话语的主要意思，进而结束了这部分表达。

例〔27〕中，说话人在进行自由表达时，除了个人的基本信息和学习以及兼职情况以外，还特别介绍了自己现阶段的兴趣爱好，并讲述了形成这一爱好的原因。最后，说话人使用"那"引出"自我介绍就到这儿"的结束语，从而对这段独白进行了归结。

（3）填充话语空白的标记功能

独白是在一段较长的时间内进行的成段表达，说话人很难做到语言流畅、内容完整、一气呵成。一般来说，他们在表达过程中会因为思路的中断、逻辑的混乱和表达能力的不足而造成话语时断时续。在这种情况下，说话人需要使用各种话语标记来延续和维持话语表达，以免形成长时间的中断而割裂独白。弱连标记经常用于填充话语空白。如：

〔28〕情景：说话人复述成语故事《邯郸学步》。

……他听说——邯郸，邯郸——的人的——走路姿态，呃——非常——潇洒，呃——<u>而且</u>嗯——又潇洒又优雅……（H18）

〔29〕情景：说话人复述成语故事《邯郸学步》。

……他去了大街，那个，来来往往的那个，那个别人，呃——一边看一边走，琢磨，但是他不知道怎么走路方，用怎么走路方法，<u>所以</u>$_1$——他——那个——那个，啊——认识了那个来一个人，所以$_2$那个他决定，啊——他学那个人……（H19）

〔30〕情景：说话人做关于男女平等的话题表达。

……我觉得—呃女人，能，什么，她们想做什么就可以做什么。呃—这是—嗯—**还有**—嗯——说什么？嗯—嗯在俄罗斯我觉得很多人，很多女人有这样的情况，她们一边工作一边照顾她们的家里……（E14）

［31］情景：说话人复述成语故事《愚公移山》。

……孙子什么什么什么的，他们都可以继续，然后₁那两座山它们不会长高，所以一到底会成功。**然后₂**—嗯—我记得最后—他们的那个—孙子应该是，他的儿孙，他们修了一条路……（H21）

［32］情景：说话人进行自由表达。

……只能做一些嗯时间短而且又能玩得起来的一些项目，所以主要也就是跟朋友聚一聚吃吃饭喝喝酒，呃周边近处的一两百公里以内的可以去玩玩儿，呃—**还有**—嗯其他的好像还真没有什么了。（M20）

例［28］中，说话人复述《邯郸学步》的故事。他介绍燕国年轻人听说赵国人走路姿势又潇洒又优雅，所以想去邯郸学习他们的走路姿势。在叙述过程中，说话人记住了"潇洒"，但是一时想不起来"优雅"，就使用"而且"填充了话语空白，为在记忆中寻找所需词语争取了时间，后续话语补充说明了"又潇洒又优雅"，独白因此而没有出现较大的中断。

例［29］中，说话人复述《邯郸学步》的故事。他介绍燕国年轻人在邯郸街上看行人走路的场景。说话人在前面的话语中说明了燕国年轻人"一边看一边走，琢磨"，想学会邯郸人走路的姿势，接下来说话人要说明这个年轻人跟在一个行人后面，学习走路的情况，但是表达过程中思维没能跟上表达的速度，说话人使用拖了长音的"所以₁"填充了表达中的空白，使前后话语在形式上连贯起来。

例［30］中，说话人谈论女性地位提高还是男女差距拉大的问题。他先说明了女性应该有同样的地位和做事的自由，接下来想具体说明俄罗斯国内女性的实际处境，但是独白时遇到了障碍，就使用了与叹词"嗯"连用的拖了长音的"还有"填充此处的话语空白，从而为组织后续话语争取了时间。

例［31］中，说话人复述《愚公移山》的故事。他介绍完愚公的后代会坚持搬山，终有一天会成功以后，想继续说明愚公一家搬山成功之后，修路带来的便利。但是因为前后内容有一定的跨度，说话人表达时话语不够连贯，中间出现了思维中断，就使用"然后$_2$"填充了话语空白，从而使独白获得形式上的连贯性。

例［32］中，说话人自由表达时，介绍自己的业余生活。在说完与朋友聚会和在周边游玩之后，说话人的思路还停留在这一问题上，在思考的过程中，说话人使用"还有"来填充话语表达中的空白，最后想不起来其他的活动，说完"其他的好像还真没有什么了"就结束了自由表达。

从前 10 例可以看出，说话人在独白过程中不自觉地设置了潜在对话者，在话语表达开始或者结束的时候，说话人都会使用弱连标记来提示潜在听话人，交代话语活动的具体进程。另外，在某一意义较为连贯的表述之后，说话人会使用弱连标记来引出小结性话语，提示潜在听话人这一意义连贯整体至此结束。

从后面 5 例可以看出，说话人在独白过程中很难做到表达流畅、一气呵成，当语言没有完全组织好，思路出现中断时，说话人会使用弱连标记来填充话语空白，争取组织话语的时间，提示潜在听话人表达并未结束。

因此，无论是标志独白的起点、终点还是填充表达空白，弱连标记都起到了加强形式连贯的作用，使独白听起来既具有整体上的完整性，又具有局部的流畅性。

2. 内容连贯功能

随着独白的不断延伸与发展，说话人在认知和逻辑能力上的局限性会越来越明显地影响话语内容的连贯性，导致前后话语之间的语义关联程度降低。在这种情况下，说话人通过使用话语标记，能够将即兴表达的内容组织起来，形成连贯有序的独白语篇。弱连标记能够起到这样的作用。

通过分析语料，我们发现弱连标记的内容连贯功能主要表现为对话语主题的处理，通过顺接、转换和找回话语主题，建立并强化独白内容的连贯关系。

（1）顺接话语主题的标记功能

"话语不是杂乱无章地从一个话题跳到另一个话题，它总是以一定话题的连贯性和话题展开的可能性有规律地合理地向前发展。"（Halliday & Hasan，1976）独白中，由于没有谈话对象，说话人要不断对后续话语做出计划，表达出具有较强连续性的事件序列，以保证话语是围绕某一主题连贯展开的。语料中，弱连标记所引导的话语内容是对前述话语内容的接续，前后话语内容的主题一脉相承，后续话语可以是话题发展的新序列、新情况，也可以是从一个新角度对前述话语做出的延展性描述或者深层次论述。因此，顺接话语主题可以视为说话人思维流动的一种体现，主要起到提高话语内容连贯程度的作用。如：

[33] 情景：说话人进行自由表达。

呃—嗯，嗯—我很喜欢，我很喜欢文学，我在法国本来是学习文学的。嗯—**然后**我—我还喜欢经典音乐，嗯—从小一直弹钢琴、钢琴啊。（E04）

[34] 情景：说话人进行自由表达。

……呃—P1 快要毕业了，呃—但是毕业之后，我还不知道我应该怎么办，呃—像大部分的毕业学生。啊—**所以**呃—毕业之后我希望在大使馆就业……（E07）

[35] 情景：说话人复述成语故事《掩耳盗铃》。

……然后—但是呃——然后他觉得比较害怕，因为它的声音很大，所以他害怕这个声音。呃——**但是**他觉得呃他不想听，不想听这个声音……（H38）

[36] 情景：说话人做关于工作选择的话题表达。

在我们国家，呃—呃—国际的机构，国际的公司嗯比较少，数量比较少的，**那**—他们的经济的条件也—不太呃—不太强，呃他们的力量不太强，所以呢，呃跟呃—国家机关相比，他们呢给工作人员的工资也不太高的。（H33）

[37] 情景：说话人做关于男女平等的话题表达。

嗯—下面——当代社会，我觉得女性应该追求的是回归家庭，嗯—就是男生在外面多打拼一点儿，**然后**女生在家里面，嗯—照顾孩子啦，做做家务之类的……（M22）

例 [33] 中，说话人进行自我介绍时谈到了自己的兴趣爱好。他先说明了自己喜欢文学，并且读过文学专业，接着使用"然后"引出自己喜欢音乐，并且会弹钢琴。二者同属于一个话语主题，并无时间先后关系，只是从不同的角度做出的具体说明。"然后"起到了标记话语顺接的作用。

例 [34] 中，说话人介绍个人情况。他先说明了自己所处的境况——即将毕业，但没有找到工作，然后使用"所以"开启了一个新的话语序列，即理想的就业情况。"所以"前后的话语之间并不存在因果关系，而是在有关毕业、就业的主题之下，说话人介绍完毕业情况之后，接着说明就业愿望，"所以"起到了使话语顺利延续下去，从新的角度继续独白的作用。

例［35］中，说话人复述《掩耳盗铃》的故事。他先介绍了故事中的主人公用锤子砸铃铛，铃铛发出了很大的响声，让主人公很害怕，然后继续介绍主人公不喜欢听铃铛发出的响声，想找办法阻止铃铛发声。"但是"前后的话语都跟铃铛发声有关，其后的话语是说话人对故事主人公如何处置铃铛的进一步说明，是基于相同话语主题对前面话语的承接与延续。

例［36］中，说话人论述关于找一个稳定的工作好还是找一个工资高但挑战大的工作好的问题。他先介绍了自己国家内国际机构与公司的数量很少，然后从另一个角度介绍国际机构与公司的经济实力，"那"起到了顺接话语表达，使独白进一步展开的作用。

例［37］中，说话人谈论男女社会地位平等还是差距拉大的问题。他介绍完男性应该"在外面多打拼一点儿"，接着使用"然后"引出女性应该"在家里面，嗯—照顾孩子"，说话人关于男女不同分工的观点并不存在时间先后关系，"然后"前后的话语只是这一观点的两个方面，它将这两个方面衔接起来，使话语表达继续展开。

由以上 5 例可以看出，说话人为了延续独白，围绕谈论的主题从不同角度和层面展开话语，但是思维的发展和表达的速度很难同步，因此说话人使用弱连标记，提示前后话语受同一主题支配而呈现出的顺接关系，保持独白内容的连续性。

（2）转换话语主题的标记功能

长篇独白过程中，说话人很难紧密围绕某一话题，按照计划好的思路一步一步地有序表达，独白内容会随着思维的跳跃和话语的发展而出现话题转移。在这种情况下，说话人顺着新的表达思路，针对新的话语主题继续独白。在话语主题转换之处，说话人使用弱连标记引出与前述话语主题不同的内容，以此标记独白话题发生转换。如：

［38］情景：说话人进行自由表达。

……现在是北京语言大学汉语国际教育专业的研究生，呃—呃—我到现在来北京应该是九个月了吧。呃—**然后**我的爱好是看书、听音乐、跟朋友去旅

行……（H41）

［39］情景：说话人做关于代际关系的话题表达。

……所以其实我自己的观念就是中国人的看法还是比我们瑞典的看法好。**但是**当然有一些宅的男男女的，现在有一些年轻人他们一直在家里，然后靠父母……（E12）

［40］情景：说话人进行自由表达。

……所以总共有六年的时间一直在学习汉语，还就是两年学习汉语然后再加上四年的本科。呃——**还有**呢我的爱好比较多，呃——第一个是运动……（E33）

［41］情景：说话人进行自由表达。

他们可以随便生孩子。所以——会有很多很多孤儿，很多很多孤儿院，然后我就从小呃——看到那，那样的环境。**所以**我来大学以后，呃——我有一共三个专业……（H07）

［42］情景：说话人进行自由表达。

我叫孙真真，真假的真，来自福建厦门，本科毕业于上海师范大学，专业也是对外汉语。**然后**我平时喜欢看书画画，不过这算是我的业余爱好，我看过中国很多名家的作品……（M53）

例［38］中，说话人开始自由表达之后，先介绍了个人的学习经历，所学专业、学习阶段和来京学习的时间等都是围绕学习经历这一主题展开的，介绍完学习经历以后，说话人使用"然后"将话题转向个人爱好，并在后续话语中对此做出了具体说明。

例［39］中，说话人在前面的话语中谈论的是中瑞两国在家庭内部代际关系上的差别，并通过对具体事例的分析，得出"中国人的看法还是比我们瑞典的看法好"的结论。随后，说话人使用"但是"将话题转向宅男宅女现象的社会学讨论，后续话语详细介绍了这类人群的特点、生活方式和社会危害，并阐发了对此现象的观点和态度。

例［40］中，说话人在进行自我介绍时，先说明了其现在在北京的生活和学习情况，接着使用"还有"将所谈话题转向了个人爱好，并在后续话语中围绕这一主题具体介绍了自己喜欢运动、旅游和绘画等。

例［41］中，说话人在前面的话语中介绍了自己亲眼见到的情况，即很多孤儿在孤儿院生活。介绍完这段经历以后，说话人使用"所以"引出了自己在大学的学习情况，并具体介绍了所学的专业。前后话语的主题完全不同，"所以"起到了标记话题转换的作用。

例［42］中，说话人自由表达时，先介绍了姓名、籍贯、就读学校与专业等个人基本信息，接着使用"然后"将谈论的话题由个人基本信息引向了兴趣爱好，后续话语具体介绍了说话人看书、画画和上网等爱好。

由以上 5 例可以看出，在表达过程中，话语内容随着说话人思维的发展而不断展开，可以说"想到哪儿就说到哪儿"，所以话语主题容易发生改变。在这种情况下，说话人顺势围绕新的主题进行表达，使独白得以延续。弱连标记起到了标记话题转换的作用。

（3）找回话语主题的标记功能

在独白过程中，随着话语的展开，受到表达的即时性和思维的发散性等因素的影响，独白出现话语内容向细节或其他角度延展的现象，当说话人意识到话语偏离了表达主线时，会使用弱连标记将所讲内容重新带回到主要话题上来。如：

［43］情景：说话人复述成语故事《守株待兔》。

有一个农民，他很认真工作，每天早上起得早—去工作。他—在山上工作的时候—**但是**他家里没有那么多钱，他非常穷，过春节的时候只能吃—肉。有一天，他在山上工作的时候，他看到了一只野兔子……（H23）

［44］情景：说话人进行自由表达。

我是XXX，今年32岁，在一家呃—中国—房地产公司工作。那—我原来在北京读书，本科生、研究生和博士生，总共我在北京待了十年。**然后**我的主要工作是——为那家房地产公司在河内找土地，做市场分析，然后向老板汇报。（H36）

［45］情景：说话人做关于代际关系的话题表达。

……以前我想到中国的话，那应该坐火车或者坐马，所以需要很长时间。现在从意大利到中国的话，只需要几个小时……所以—我觉得现在孩子们都在世—世界不同的地方。我的家是这样，我在这里，呃我我我妹妹在南美，我姐姐在非洲，我们都不在家里……呃—**所以**呃以前孩子们都在跟家人呃—呃—帮

助他们……（E05）

[46] 情景：说话人复述成语故事《愚公移山》。

因为他们住在一个地方，呃—嗯—不方便，交通也不方便……他说，呃——我的XXX的年纪大了，活不了多久了，可是我死了以后，我的儿子会继续这么做，儿子又会生孙子……他—呃—已经老了，但是他，他—还管—呃—他的家庭，他还想帮助他们，他还想教他们怎么，怎么生活，所以我觉得这个很好。**然后**，嗯—他们—最后决定搬家—换地方，然后他说……（H23）

[47] 情景：说话人进行自由表达。

……毕业于四川外国语大学汉语国际教育专业。兴趣爱好喜欢—看电影、唱歌、旅游，闲暇时间的话基本也是—从事这一类的活动。**还有**我—之前是在—四川外语学院成都学院学习……（M61）

例[43]中，说话人复述《守株待兔》时，先介绍了农夫的基本情况，但是在还没有介绍完的情况下，表达思路转向了故事的主体部分，想要讲述农夫在田里干活儿，捡到撞死的兔子，回家煮肉吃的故事，但是当他刚说到农夫在山上工作时，突然想起自己对农夫及其家庭情况的介绍还未完成，随即使用"但是"将话语拉回到之前的主题上，继续介绍农夫的家庭情况，这部分说完之后，又重新开始讲述农夫捡兔子回家的经过。

例[44]中，说话人介绍个人情况时，先说明了自己现在在房地产公司工作，但是对具体工作没有详细说明，思路就岔开了，开始介绍自己在北京的求学经历。说话人意识到自己的话语偏离了介绍工作情况的主线后，使用"然后"引出对具体工作内容的介绍，使话语回归之前谈论的主题。

例[45]中，说话人介绍家庭内部代际关系的变化时，先说明受到交通方式的影响，以前父母会和子女住得很近，然后说明随着社会的发展，父母和子女之间的居住距离变远了。之后，说话人转而介绍了自己家里的具体情况，使得话语内容向细节偏移。当说话人意识到自己对以前家庭内部代际关系的介绍不够充分时，使用"所以"将话语拉回到对以前父母与子女的生活方式以及两代人的相处模式的具体说明。

例[46]中，说话人复述《愚公移山》时，先说明了愚公家所处位置交通不便，他们打算搬山，然后说明了家人会一代一代坚持搬山，说到这里，说话人表达了自己对愚公的评价，这使话语偏离了复述的主线。此时，说话人使用"然后"将话语重新拉回到对故事的复述上，并进一步说明了愚公一家的决定和搬山的结果。

例［47］中，说话人自由表达时，先介绍了自己的学习经历，接着介绍了自己的兴趣爱好和业余生活，话语主题发生了转变。说话人发现自己关于学习情况的介绍还不完整时，使用"还有"引出自己本科就读院校和专业以及毕业去向，将学习经历这一主题重新找回。

由以上 5 例可以看出，随着独白的展开，话语内容的主题聚焦程度逐渐降低，甚至偏离当前主题，向其他角度发展。说话人意识到这一点后，使用弱连标记将前面谈论过的主题找回，后续话语重新围绕该主题展开，从而使独白得以延续。

四、 留学生弱连标记使用情况

弱连标记是留学生组织语篇和衔接话语的重要手段，使用数量多，使用频率高。下面我们将具体说明留学生弱连标记的使用情况。

1.使用数量及频率

（1）总体标记的数量及频率

据统计，留学生汉语独白中"所以""然后""但是""还有""那（么）"和"而且"等 6 个连词的使用数量多达 2721 个，其中，作为话语标记（弱连标记）使用的数量超过一半。详见图 2-1：

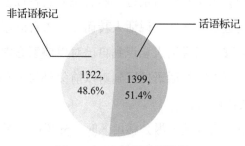

图 2-1　6 个连词使用数量

从上图可以看出，弱连标记的使用数量高达 1399 个，话语标记化比例达 51.4%。从人均使用情况来看，80 名留学生平均每人使用弱连标记 17.5 个。我们计算了弱连标记的千字频，即独白语篇每 1000 字中弱连标记的出现次数，"这种计算方法比在一段时间内对话语标记计数更准确"（刘滨梅，2015），是一项能够反映标记使用频率的重要指标，结果显示，留学生弱连标记的使用频率为 13.6。

（2）单独标记的数量及频率

弱连标记内部成员"所以""然后""但是""还有""那（么）"和"而且"等单独标记的使用情况如表 2-1 所示：

表 2-1　单独标记使用数量及频率

词语	总数	话语标记数	标记化比例	千字频
所以	962	426	44.3%	4.2
然后	703	512	72.8%	4.8
但是	676	240	35.5%	2.4
还有	214	121	56.5%	1.2
那（么）	115	83	72.2%	0.8
而且	51	17	33.3%	0.2

从上表可以看出，6 个单独标记的使用数量从多到少依次为：然后 > 所以 > 但是 > 还有 > 那（么）> 而且。这个排序基本上与其使用总数的排序相同，只有"然后"的标记数量超过了"所以"，位居第一位。另外，6 个单独标记的使用频率从高到低依次为：然后 > 所以 > 但是 > 还有 > 那（么）> 而且。其中"然后"和"所以"的千字频明显高于其余四个标记，而"那（么）"和"而且"的千字频很低，均不足 1。由此可见，弱连标记内部各成员的使用数量及频率与其源词的使用总数成正比，总数越多，语义弱化情况越严重，标记用法越频繁，反之亦然。

6 个连词的话语标记化比例由高到低依次为：然后 > 那（么）> 还有 > 所以 > 但是 > 而且。其中，"然后"和"那（么）"用作话语标记的比例很高，均超过 70%；"还有"的话语标记化比例也比较高，超过 50%；"所以"的话语标记化比例也不低，超过 40%；"但是"和"而且"的话语标记化比例较低，分别只有 35.5% 和 33.3%。

综合以上数据可以发现：在汉语独白过程中，留学生较多使用弱连标记"所以"和"然后"，这两个标记使用数量多，使用频率高，二者之间的区别在于"然后"的话语标记化比例大幅高于"所以"；"但是"是留学生较为常用的弱连标记，其使用数量较多，使用频率也不低，不过其话语标记化比例较低；"还有"和"那（么）"是留学生独白中较为重要的话语标记，它们使用数量不多，使用频率不高，但是话语标记化比例较高；"而且"是留学生较少使用的弱连标记，使用数量少，使用频率和话语标记化比例低。

2. 话语功能分布

（1）总体标记的功能分布情况

我们对留学生所用弱连标记在各类话语功能上的分布情况进行了统计，具体结果见图 2-2：

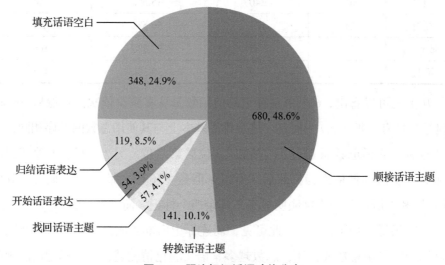

图 2-2　弱连标记话语功能分布

从上图可以看出，留学生弱连标记的话语功能由强到弱依次为：顺接话语主题 > 填充话语空白 > 转换话语主题 > 归结话语表达 > 找回话语主题 > 开始话语表达。其中，顺接话语主题是最主要的话语功能，标记分布数量共 680 个，占弱连标记总数的 48.6%；填充话语空白是重要的话语功能，标记分布数量共

348 个，占弱连标记总数的 24.9%。此外，141 个标记发挥转换话语主题功能，119 个标记发挥归结话语表达功能，这两类功能上的分布数量均超过 100 个，分别占弱连标记总数的 10.1% 和 8.5%。最后，找回话语主题和开始话语表达是相对较弱的功能，分布数量仅有 57 个和 54 个，仅占弱连标记总数的 4.1% 和 3.9%。

以上数据说明，留学生使用弱连标记的主要目的是顺接话语主题，以延续独白，同时填充话语空白，以加强表达的连贯性。这种语用功能特征与长篇独白的性质有很大关系。留学生面对独白任务，使用汉语进行表达时，他们考虑的首要问题是如何清晰、完整、连贯地表达自己的意思，并保证独白达到一定的篇幅。因此，他们会围绕某一个主题，从不同角度、不同方面进行全面描述或者深入阐释。在这个过程中，口语表达随着逻辑思维的推进而不断出现新的话语序列和新的信息流动方向，为了使后续话语能够顺利地承接前述话语，并向听话人传递出独白仍在继续的情况，留学生使用弱连标记引出后续话语，将独白向前推进。

另外，独白是说话人在较长时间内独自进行的言语活动，一般按照既定目标连续、完整地表达思想，阐述话语。受独白即时性、长篇幅的影响，留学生面临内容编排和表达构建的双重认知压力，在维持和延续话语表达的过程中会遇到更多的思维空白和表达障碍，他们需要使用话语标记来填充空白，避免独白中断。在这种情况下，弱连标记的填充话语空白功能能够为留学生争取找话语的时间，满足保持语篇形式连贯的表达需求，从而成为弱连标记的另一重要功能。

除此以外，独白过程中没有听话人随时给予反应，没有话轮交替，也没有占据和抢夺话轮的压力，所以独白话题的保持和展开不容易受到外界干扰，话题转换以及转换后再次找回的发生概率比较低；独白属于交际一方单方面表述，说话人的自主性较强，无论是自由表达、话题表达还是故事复述，何时开始与何时结束不受他人影响与控制，所以话语表达的开始与归结并非说话人关注的重点。因此，留学生对弱连标记的话题转换与找回以及开始与归结表达等功能需求度相对较低，使用弱连标记时不会侧重发挥这些功能。

（2）单独标记的功能分布情况

通过考察，我们发现留学生弱连标记内部成员大多能够发挥这类标记的所有功能，而且每个单独标记具有各自的突出功能，主要发挥某一类或两类功能。6 个单独标记的话语功能分布情况见表 2-2：

表 2-2 单独标记功能分布

话语词语	话语标记数量	开始话语表达		转换话语主题		找回话语主题		顺接话语主题		归结话语表达		填充话语空白	
		数量	比例	数量	比例	数量	比例	数量	比例	数量	比例	数量	比例
所以	426	24	5.6%	14	3.3%	25	5.9%	167	39.2%	110	25.8%	86	20.2%
然后	512	2	0.4%	37	7.2%	6	1.2%	362	70.7%	1	0.2%	104	20.3%
但是	240	0	0.0%	45	18.8%	20	8.3%	85	35.4%	5	2.1%	85	35.4%
还有	121	2	1.7%	34	28.1%	3	2.5%	34	28.1%	0	0.0%	48	39.6%
那（么）	83	26	31.4%	9	10.8%	2	2.4%	25	30.1%	3	3.6%	18	21.7%
而且	17	0	0.0%	2	11.7%	1	5.9%	7	41.2%	0	0.0%	7	41.2%

首先，从每个弱连标记对各类功能的覆盖面上看，标记"所以""然后"和"那（么）"功能最全，标记"但是""还有"和"而且"都至少缺失一类功能，其中"但是"不具备开始话语表达功能，"还有"不具备归结话语表达功能，"而且"不具备开始和归结话语表达功能。另外，尽管标记"然后"能够发挥开始和归结话语表达功能，标记"但是"能够发挥归结话语表达功能，标记"还有"能够发挥开始话语表达功能，但是用例数量极少，所占比例极低，这说明上述三个标记与开始和归结话语表达功能之间关联程度很低。

其次，从每个弱连标记在各类功能上的数量分布来看，标记"所以"的主要功能是顺接话语主题和归结话语表达，其中，167 个表示顺接话语主题，占比 39.2%，110 个表示归结话语表达，占比 25.8%；标记"然后"的主要功能是顺接话语主题和填充话语空白，其中，362 个表示顺接话语主题，占比 70.7%，104 个表示填充话语空白，占比 20.3%；标记"但是"的主要功能是顺接话语主题和填充话语空白，两类功能上均分布 85 个用例，占比均为 35.4%；标记"还有"的主要功能是填充话语空白、顺接和转换话语主题，其中，48 个表示填充话语空白，占比 39.6%，表示顺接和转换话语主题的各有 34 个，占比均为 28.1%；标记"那（么）"的主要功能是开始话语表达和顺接话语主题，其中，26 个表示开始话语表达，占比 31.4%，25 个表示顺接话语主题，占比 30.1%；标记"而且"的主要功能是顺接话语主题和填充话语空白，两类功能上均分布 7 个用例，占比均为 41.2%。总体而言，顺接话语主题和填充话语空白是弱连标记最为重要的两类功能。除此以外，每个单独标记的功能侧重有所不同，标记"所以"的归结话语表达功能较为突出，标记"那（么）"的开始话语表达功能较为突出，标记"然后""但是""还有"和"而且"的转换话语主题功能较为突出。

最后，从每类功能所包含的标记形式来看，开始话语表达功能以标记"所以"和"那（么）"为主，使用数量分别为 24 个和 26 个，分别占这类功能标记总数的 44.4% 和 48.1%；转换话语主题功能以标记"但是"为主，使用数量为 45 个，占这类功能标记总数的 31.9%，另外，标记"然后"和"还有"的使用数量均超过 30 个，也属于这类功能的重要标记形式；找回话语主题功能以"所以"和"但是"为主，使用数量分别为 25 个和 20 个，其中标记"所以"数量略多，占这类功能标记总数的 43.9%；顺接话语主题功能以标记"所以"和"然后"为主，使用数量分别为 167 个和 362 个，其中标记"然后"数量更多，占这类功能标记总数的 53.2%；归结话语表达功能以标记"所以"为主，使用数量达 110 个，占这类功能标记总数的 92.4%；填充话语空白功能以标记"然后"为主，使用数量达 104 个，占这类功能标记总数的 29.9%，另外，标记"所以""但是"和"还有"的使用数量也比较多，也属于这类功能重要的标记形式。

综上所述，留学生汉语独白中，弱连标记内部 6 个单独标记具有非排他性，它们的语篇分布和语用功能相同，通常可以互相替换。同时，每一个单独成员都有一个特定的核心意义，突出发挥某一类功能，而每类功能在通过大多数标记词得以实现的同时，也会突出选择某一个标记形式。

五、 本章小结

本章重点关注独白体语义弱化连词类话语标记。

首先，基于前人研究和语料分析结果，从语音、句法、语义和语用等方面确定弱连标记的判断标准，并据此从语料中甄别出"所以""然后""但是""还有""那（么）"和"而且"等6个弱连标记。

其次，根据独白语篇中的具体用例，从语音、搭配连用和重复使用等方面分析弱连标记的形式特点，并从形式连贯和内容连贯的角度探讨弱连标记的话语功能。

最后，基于留学生汉语独白语料，对弱连标记的总体及其内部各成员的使用数量、使用频率和话语功能分布进行描述性统计，并对留学生弱连标记使用情况加以分析。

第三章

留学生弱连标记的语篇构建策略

本研究中，说话人先后进行自由表达、复述故事和话题表达等三个长篇独白。虽然三部分独白的录音连续进行，中间不会出现长时间的停顿，但是说话人一般是三个主题逐一展开，相互间的界限较为清晰。针对每部分独白，说话人都要谋篇布局，以达到更好的话语效果。郑贵友（2002）曾指出，话语标记在语篇组织上发挥着形式和功能的作用，使得前后语段形式、语义连贯，有利于听者更好地理解言说者的意图。本研究发现，说话人在构建独白语篇的过程中，弱连标记发挥了重要作用。我们将说话人通过使用弱连标记来构建不同语篇模式、增强表达效果的话语组织方法定义为弱连标记的语篇构建策略。

一、 弱连标记所构建的语篇模式类型

根据弱连标记在语篇中的位置分布，我们对说话人的语篇框架进行了分析。研究发现，说话人通过使用弱连标记构建了三种语篇模式。如果将弱连标记记作 DM，将其前后的语言单位分别记作 A 和 B，那么，弱连标记在连接前后小句、句子或者句群时构成的独白语篇模式包括以下三种：

（1）模式一：$A_1+A_2+\cdots\cdots+A_n$, DM（，）$+B_1+B_2+\cdots\cdots+B_n$

这种模式中，弱连标记位于语篇中间。通过使用弱连标记，说话人顺利衔接前后话语，从而构建了语义上较为连贯的独白语篇。如：

［48］情景：说话人做关于网络利与弊的话题表达。

……买东西的时候提前查其他人的评价，如果差评比较多的话，他们可以不买，还有一在家里一简单地比较以后，可以选择比较合适的商品。**所以**我觉得一网络的一利呢，网络的好处比坏处多。网络上的广告很多……（H23）

［49］情景：说话人进行自由表达。

呃一我希望呃一毕业之后，毕业之后我希望呃一回北京来找工作。呃一因为在这儿呃一我找到了我的同伴。呃——**但是**一我也很想我的家乡，在家乡我有我的家庭，我家庭的人呢一不太多，呃一只有妈妈、我和我的小狗……（E07）

例［48］中，说话人在话题表达开始后介绍了网络给日常生活带来的很多好处，然后使用"所以"引导出说话人的观点，对前面的话语做出总结性表述。

接着，说话人在后续话语中介绍了网络给日常生活带来的一些弊端，从而将独白延续下去。

例［49］中，说话人先介绍了自己学习汉语的经历，并表明希望在北京找工作的意愿，然后使用"但是"引出了对自己家庭情况的简单介绍，谈论的话题由学习经历转换为家庭情况，从而使自由表达得以延续。

（2）模式二：DM（，）+B$_1$+B$_2$+……+B$_n$

这种模式中，弱连标记位于语篇开端。通过使用弱连标记，说话人顺利开启话语表达，并逐步构建独白语篇。如：

［50］情景：说话人复述成语故事《愚公移山》。

好吧。**所以**我开始复述吧。这个故事是—有一名叫—一名—有一名叫—愚公人，老人，他已经快90岁了，所以他很老。（E30）

［51］情景：说话人做关于网络利与弊的话题表达。

那—我还是做这个网络的问题。我觉得网络是—利大于弊。我觉得网络最大的好处是我—是，我在国外也可能和国内的家人和朋友联系，这样一来我的父母也可以知道我的情况……（H26）

例［50］中，"所以"位于说话人复述语篇的开端，其后引出整段独白的主旨，即复述故事；例［51］中，"那"位于话题表达的开端，其后引出整段独白的主旨，即网络的问题。在这两个标记之后，说话人开始整段的故事复述或者自由表达，它们发挥了开启语篇组织与构建的作用。

（3）模式三：A$_1$+A$_2$+……+A$_n$，DM

这种模式中，弱连标记位于语篇结尾。通过使用弱连标记，说话人顺利结束话语表达，并完成独白语篇构建。如：

［52］情景：说话人做关于语言统一化与多样性的话题表达。

……以前我坐飞机的时候有一个奶奶，一位奶奶，她是中国人，但是她不会说普通话，她的女儿她说哦她不会说普通话，呃所以跟她不能嗯—聊天。**所以**—好了。（E32）

［53］情景：说话人做关于代际关系的话题表达。

呃—他们很鼓励我说—就你想要读什么你就读什么，呃我们会支持你，呃—钱不是问题。**然后**呃—嗯是这样。（E16）

例〔52〕中，说话人在前述话语中介绍了语言（方言）应该保持多样性的具体实例，最后以飞机上不会说普通话的老奶奶并没有遇到太大的生活障碍为例，继续说明保留方言是可行的。至此，话题表达基本结束，说话人在语篇结尾处使用"所以"引出"好了"，明确提示听话人独白结束，并完成了语篇构建。

例〔53〕中，说话人在前述话语中以自己与父母的关系为例详细说明了其对于代际关系问题的看法。在语篇结尾处，说话人使用"然后"引出"是这样"，从而结束整段独白。

如上所述，弱连标记可以分布在语篇开端、中间和结尾。不过，结合第二章所列举的大多数例子可以看出，语篇中间是弱连标记最为常见的话语位置，而处于这一位置的标记大多发挥顺接、转换、找回话语主题以及填充话语空白的功能。这可能与弱连标记在长篇独白中主要起话语连贯作用有关，为了能够使话语不断展开，说话人使用这类标记连接前后小句、句子或者句群，从而延续独白，构建形式和内容连贯的语篇。与此同时，从弱连标记的话语位置分布情况可以发现，它们位于语篇开端和结尾，可以衔接的语言单位甚至扩大至语篇，起到开启和结束语篇的作用。由此可见，弱连标记在独白语篇的构建过程中发挥着形式和功能的作用，有利于更加清晰地传递说话人的言语意图。

二、 留学生汉语独白语篇的突出模式

弱连标记所构建的三种语篇模式类型中，模式一是最为典型且常见的，弱连标记内部各成员均可出现在这种模式中。无论是留学生还是汉语母语者，他们通过使用弱连标记构建的独白语篇都以模式一为主。经统计，80 位留学生，每人有三部分相对独立的独白，共有独白语篇 240 篇，其中，模式一语篇共有 164 篇，占比 68.3%；汉语母语者语料中，64 位说话人，共有独白语篇 192 篇，其中，模式一语篇共有 189 篇，占比高达 98.4%。与汉语母语者相比，留学生弱连标记语篇构建策略的特点主要表现为模式二和模式三语篇数量及其所占比例的大幅提升。

（1）模式二是留学生使用弱连标记构建的优势语篇类型

统计发现，留学生语料中，弱连标记出现在独白开端的共有 54 篇，构建模

式二语篇 54 篇，占留学生独白语篇数量的 22.5%。相反，汉语母语者语料中，弱连标记出现在独白开端的仅有 3 篇，构建模式二语篇仅 3 篇，占汉语母语者独白语篇数量的 1.6%。无论是语篇数量还是所占比例，留学生均显著高于汉语母语者。

从统计数字上看，相较于汉语母语者，留学生通过使用弱连标记构建了更多的模式二语篇，该模式因此而成为留学生语料中较为突出的语篇类型。可见，使用弱连标记构建模式二语篇是留学生实施弱连标记语篇构建策略的重要表现。

（2）模式三是留学生使用弱连标记构建的独特语篇类型

统计发现，留学生语料中，弱连标记出现在独白结尾的共有 22 篇，构建模式三语篇 22 篇，占比 9.2%。汉语母语者并未使用弱连标记构建模式三语篇。

从统计数字上看，尽管模式三语篇数量及其所占比例较为有限，但是这种模式却是留学生独白中独有的语篇类型。可见，使用弱连标记构建模式三语篇是留学生实施弱连标记语篇构建策略的特殊表现。

综上所述，通过使用弱连标记，说话人可以构建三种不同的语篇模式，而模式一既是汉语母语者也是留学生最为常见的独白语篇类型。除此以外，留学生使用弱连标记构建了更加丰富的语篇模式类型，其中，模式二的语篇数量明显多于汉语母语者，而模式三是留学生独有的语篇类型。这说明留学生弱连标记的语篇构建策略更加灵活多样，在他们目的语语言能力和交际能力受限的情况下，这一策略对于开启、延续以及结束话语表达起到了重要的支撑作用。

三、　弱连标记"所以"对留学生语篇构建的作用

如前文所述，弱连标记"所以"话语功能最全，能够发挥全部六类话语功能，不仅可以出现在独白开端，标志话语表达的开启，也可以出现在独白中间，标志独白话语的延续，还可以出现在独白结尾，标志话语表达的结束。因此，它可以参与构建模式一、模式二和模式三等全部语篇类型。在留学生汉语独白中，为满足话语组织需求，"所以"成为留学生实施弱连标记语篇构建策略时选用的主要标记形式，使用数量及频率均大幅高于汉语母语者，详见表 3-1：

表 3-1 留学生与汉语母语者"所以"使用情况对比

说话人	使用数量	千字频均值	标准差	t 值	p 值（双尾）
汉语母语者	215	2.1973	1.14710	−6.671	0.000
留学生	426	4.2100	2.18850		

从上表可以看出，留学生弱连标记"所以"的使用数量几乎是汉语母语者的两倍。同时，我们对留学生和汉语母语者弱连标记"所以"的使用频率进行了独立样本 t 检验，结果显示：留学生弱连标记"所以"的使用频率均值为4.2，而汉语母语者弱连标记"所以"的使用频率均值为2.2，t 值为 −6.671，p值为 0.000（双尾），两组数据均值在 0.05 水平上存在显著差异，留学生使用弱连标记"所以"的频率显著高于汉语母语者。这说明弱连标记"所以"在留学生语篇构建过程中具有特别重要的意义。与汉语母语者相比，留学生通过使用弱连标记"所以"构建了具有突出优势的模式二和模式三语篇。

我们发现，弱连标记内部成员并非全部都能进入模式二和模式三语篇。经统计，在留学生模式二语篇中，留学生可以使用标记"所以""那（么）""然后"和"还有"构建语篇，其中，"所以" 24 个，占比为 44.4%，"那（么）" 26 个，占比为 48.1%，"然后" 2 个，占比为 3.7%，"还有" 2 个，占比为 3.7%。与留学生不同，汉语母语者模式二语篇数量仅有 3 篇，而且只有标记"那（么）"参与这一语篇模式的构建。另外，留学生可以使用标记"所以"和"然后"构建模式三语篇，其中，"所以"的使用数量占绝对优势，共计 21 个，占比为95.5%，"然后"仅有 1 个，占比为 4.5%。由此可见，弱连标记"所以"是留学生构建模式二和模式三这两类语篇模式的重要语言手段，他们对"所以"存在较为明显的使用偏向，以此实施弱连标记的语篇构建策略。

四、 影响留学生弱连标记语篇构建策略的因素

作为第二语言学习者，留学生构建独白语篇时，不仅面临内容构思方面的认知压力，而且面临语言组织方面的认知负担。与汉语母语者相比，留学生对不影响语法和语义准确性而具有语篇组织作用的话语标记的依赖程度更高。

在各类话语标记中，由于话语标记的插入语性质，一般说来，形式越短小

使用频率越高（曹秀玲，2016）。因此，形式短小的弱连标记成为留学生串联话语表达的常见语言手段，使用弱连标记构建不同类型的语篇模式是留学生策略能力的组成部分。然而，在留学生具体实施弱连标记的语篇构建策略的过程中，很多因素发挥了重要影响，总结起来大致包括以下几点：

（1）留学生汉语独白具有较强的拟对话性

独白是说话人单方面的长时间语言输出，由于得不到听话人的即时反馈，只能预想听话人的反应，并相应地调整表达策略，从而形成一种"拟对话"现象（李宇明，1997）。

尽管汉语母语者的独白同样存在拟对话现象，但是留学生使用汉语进行独白时，其拟对话性更加明显而突出。这可能与留学生学习汉语的经历有关。他们自学习汉语之初，接触最早、最多的是对话体课文，尤其是口语教材。在强化训练的情况下，留学生十分熟悉存在着对话者参与性与反馈性的自由会话，受此影响，他们在独白的过程中习惯于虚构一个潜在的对话者，独白语篇是与潜在对话者交谈的结果，其中包含着很明显的听话人的参与性声音，而这种声音主要体现在三个方面：重复先前话语，通过打比方或者举例子使话语内容更加易懂，具体解释先前话语。因此，从语料上看，留学生汉语独白中大量存在"我说过了，……""……比如说……"和"……就是说……"等重复性、比喻性和解释性话语标记。

留学生汉语独白中这种较为突出的拟对话性使得他们在表达过程中十分关注信息交流的状态和进程，这直接导致他们在构建独白框架时特别注意提示潜在听话人话语表达的开始和结束。在这种情况下，留学生的独白语篇很自然地包括开始表达、表达主体和结束表达等相对独立的三个部分，通过使用弱连标记可以在加强独白连贯性的同时，实现对信息交流的开端、过程和结尾等不同阶段的直接交代和有效组织。

由此可见，受独白拟对话性的影响，留学生实施弱连标记的语篇构建策略时着重发挥了其开启和结束独白的话语功能，从而形成了与汉语母语者存在较大差异的模式二和模式三语篇。

（2）留学生汉语语言能力有所欠缺

作为第二语言学习者，留学生的汉语中介语系统一直处于动态发展的过程中。参与本研究的留学生均通过了 HSK（新）五级考试，具有高级汉语水平。就这部分留学生的情况而言，尽管其汉语中介语系统已经发展到了较高的程度，日常交际中的汉语综合运用能力也普遍较强，但是他们的汉语语言能力仍然与汉语母语者存在较大差距。

独白过程中，留学生在经历话语计划、话语结构建立和话语计划执行等口语产出阶段时会遇到更多的表达障碍，尤其是在大脑做出了周密的话语计划之后，他们经常对如何开启话语和执行话语计划显得束手无措。另外，在话语计划执行完毕时，他们也会对如何结束独白表现出犹豫与迟疑。因此，留学生更需要发挥自身的策略能力，寻找并使用在策略上有用的语言手段，以顺应口语表达不同阶段对话语组织的要求。弱连标记具有开启和结束话语表达的功能，能够在独白开始和结束时发挥重要的话语衔接作用，从而构建出模式二和模式三语篇。

由此可见，受汉语语言能力的影响，留学生弱连标记的语篇构建策略不同于汉语母语者，他们更加注重通过使用弱连标记构建模式二和模式三语篇来克服开启和结束独白时遇到的话语组织困难。

（3）留学生汉语独白过程中容易发生语际语用迁移

语言与人类的大脑活动和思维过程有着密切的联系。独白开始之前，说话人大脑的运转是有意识地形成信息的过程，而"人在进行自觉的思维时，一定会借助语言，通常情况下就是母语"（吴潜龙，2000）。留学生大都是成年人，已经熟练掌握了母语知识和使用规则，而他们的汉语中介语系统并不完善，所以很可能会借助母语思维。

这种用母语思维却用目的语表达的认知心理容易导致话语表达与思维进程不同步，主要表现是大脑为形成信息而进行句法和词语准备时找不到准确的词汇、无法匹配恰当的句式，以及难以确定语法结构的正确形式等。在这种情况下，留学生想到了要说什么，却不知道怎么说出来，需要借助母语系统的语言知识，甚至需要经过翻译才能输出。如果他们的母语中有弱连标记的对应形式，并且这些对应形式是其语篇构建策略的重要实现手段，那么在翻译发挥作用的情况下，弱连标记会表现出高频使用的特征，从而构建出具有第二语言学习者表达特色的语篇类型。

本研究中，弱连标记"所以"不仅使用频繁，而且是留学生构建模式二和模式三语篇的重要语言手段。这是语际语用迁移的结果。在诸如英语、韩国语和日语等语言中，"所以"都有与其相对应的词汇形式，而且"它们都高频出现在各自母语系统的口语交际中，用于因果连词和话语标记，其中话语标记用法更为常见"（转引自刘丽艳，2017）。本研究中，汉字文化圈国家留学生以日本和韩国人为主，而欧美国家留学生虽然并非全都是英语母语者，但英语是他们的第一外语，而且他们的英语听说水平较高。因此，受到母语或者十分熟悉的第一外语的语用迁移的影响，留学生很容易理解、接受并习得弱连标记"所以"，独白过程中，"非母语者对他们早已熟知的话语标记'所以'已经产生心理依赖，因此表现出高频使用的偏好特征"（刘丽艳，2017）。

除了使用数量和使用频率方面受到影响以外，弱连标记"所以"的话语功能和话语位置分布也受到语用迁移的影响。以英语中的"so"为例，其在英语口语表达中属于一种界限标记，具有标记表达开始和结束的语用功能（Lieven Buysse，2012）。英语中"so"的这一语用特征直接映射到其在汉语中的对应词汇形式"所以"的语用功能上。受英语语用迁移的影响，留学生很容易将弱连标记"所以"作为界限标记使用，以此划分大脑中的话语计划过程与实际独白以及口语表达结构建立与话语计划执行完毕之间的界限。在这种情况下，弱连标记"所以"很自然地出现在独白开端和结尾，从而构建了模式二和模式三语篇。相反，汉语母语者弱连标记"所以"还不具有界限标记的功能，不会出现在独白开始和结尾，就不可能构建出模式二和模式三语篇。因此，留学生主要通过使用弱连标记"所以"构建其优势语篇模式。

综上所述，留学生汉语语言能力仍处在发展过程中，与汉语母语者存在明显的差距，他们在构建独白语篇时存在较为突出的拟对话性，为了向潜在的对话者交代信息交流所处的阶段，他们更加关注如何开始和结束话语表达。与此同时，留学生母语或者熟悉的第一外语中存在功能明确的界限标记，在留学生面对独白开始和结尾处的表达障碍时，界限标记发生了语际语用迁移，弱连标记成为他们构建不同语篇类型的重要语言手段。因此，受多种因素的影响，相较于汉语母语者，留学生弱连标记的语篇构建策略更加灵活，所构成的语篇类型更加多样。

五、 本章小结

本章重点讨论了留学生弱连标记的语篇构建策略，包括这一策略的具体表现和影响它的相关因素。

通过使用弱连标记，说话人能够构建模式一、模式二和模式三等语篇类型。与汉语母语者相比，模式二和模式三是留学生较为突出的语篇类型，而弱连标记"所以"是留学生构建这两类语篇的重要形式手段，其使用数量和频率均显著高于汉语母语者。

留学生汉语独白较强的拟对话性、语际语用迁移以及留学生现有的汉语语言能力都会影响弱连标记的语篇构建策略。

第四章

留学生弱连标记的语体顺应策略

本研究中，说话人先后进行无引导的自由表达、有引导的话题表达和基于文本的故事复述三部分独白。从独白时的准备情况来看，自由表达是无准备独白；话题表达以某个特定话题为导引，在基本设定的表达框架内进行口语表达，属半准备独白；故事复述有文本作参考，属全脚本独白。从自发的口语语篇（无准备的或半准备的），到非自发的口语语篇（半脚本和全脚本），存在着语体差异等级（Cutting，2010）。因此，在综合考量语境宽松程度和准备充分程度的基础上，本研究将自由表达、话题表达和故事复述分别界定为随意语体、较随意语体和较正式语体。

我们考察语料后发现，不同语体独白中弱连标记的使用情况不尽相同。我们认为，说话人通过弱连标记的差异化使用来满足不同语体下的话语组织需求，实现不同独白的语体语言特征，最终增强话语表达效果的方法，即为弱连标记的语体顺应策略。与汉语母语者相比，留学生弱连标记的语体顺应策略有着明显的第二语言学习者语用特征。

一、 不同语体中弱连标记使用数量及频率变化

留学生不同语体独白中弱连标记的使用情况有所不同，并且与汉语母语者的使用情况也存在较大差异。这说明，作为第二语言学习者，留学生会根据独白的语体特征，通过调整弱连标记的数量及频率，实施弱连标记的语体顺应策略，而这一策略与汉语母语者并不相同。

1. 留学生弱连标记的语体使用情况

我们统计了不同语体独白中留学生弱连标记的使用数量，具体结果见图 4-1：

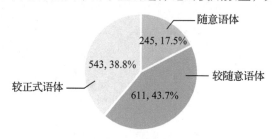

图 4-1 不同语体独白中弱连标记的使用数量

　　从上图可以看出，弱连标记在不同语体独白中的使用数量不同。在较随意语体的话题表达中使用数量为 611 个，占总数的 43.7%，人均使用数量最多，达到 7.6 个；在较正式语体的故事复述中使用数量为 543 个，占总数的 38.8%，人均使用数量为 6.8 个；在随意语体的自由表达中使用数量为 245 个，占总数的 17.5%，人均使用数量最少，仅为 3.1 个。

　　另外，分别统计每个留学生随意语体的自由表达、较随意语体的话题表达和较正式语体的故事复述中弱连标记的千字频后，我们对三部分独白中弱连标记的使用频率进行了单因素方差分析，具体统计结果见表 4-1：

表 4-1　不同语体独白中弱连标记使用频率及方差分析

语体	人数	频率均值	标准差
随意语体	80	12.4737	6.87160
较随意语体	80	13.2350	4.71921
较正式语体	80	14.5700	6.68335

　　从上表可以看出，弱连标记在随意语体的自由表达中的使用频率均值为 12.5，在较随意语体的话题表达中的使用频率均值为 13.2，在较正式语体的故事复述中的使用频率均值为 14.6，弱连标记使用频率随语体正式化程度提升而不断提高。不过，单因素方差分析的结果显示，F 值为 2.367，p 值为 0.096（0.05<p=0.096<0.1），三组数据均值之间的差异属于边缘显著。为了明确每两组数据之间是否存在显著差异，我们进一步做了多重比较。结果显示，随意语体与较随意语体以及较随意语体与较正式语体中弱连标记使用频率在 0.05 水平上均没有显著差异（前一组 p=0.436，后一组 p=0.172），而随意语体与较正式语体中弱连标记的使用频率在 0.05 水平上存在显著差异（p=0.033）。

　　综上所述，从使用数量上看，较随意语体中弱连标记的使用数量最多；从使用频率上看，较正式语体中弱连标记的使用频率最高。使用数量代表实际频率，而以千字频为准的使用频率代表标准频率。可见，随着独白语体正式化程度的提升，留学生更加频繁地使用弱连标记来组织话语，以增强表达的连贯性。

2. 留学生与汉语母语者弱连标记的语体使用对比

　　我们统计了留学生和汉语母语者不同语体独白中弱连标记的使用数量，并进行了对比，统计结果见表4-2：

表 4-2　弱连标记分语体使用数量统计

说话人	随意语体	较随意语体	较正式语体
留学生	245	611	543
汉语母语者	445	695	423

从上表可以看出，在不同语体独白中，说话人弱连标记使用数量有所不同。对比留学生与汉语母语者的使用情况可以发现，在随意和较随意语体中，留学生弱连标记的使用数量均少于汉语母语者，而在较正式语体中，留学生弱连标记的使用数量大幅多于汉语母语者。

除了使用数量，在不同语体独白中，说话人弱连标记的使用频率也有所不同，而且留学生和汉语母语者的使用频率同样存在较大差异。我们分别统计了留学生和汉语母语者在不同语体独白中弱连标记的千字频，然后进行了统计学意义上的差异分析。首先，在随意语体独白中弱连标记的使用频率如表 4-3 所示：

表 4-3　随意语体独白中弱连标记使用频率

说话人	人数	均值	标准差
留学生	80	12.4737	6.87160
汉语母语者	64	22.5703	7.75800

从上表可以看出，在随意语体的自由表达中，留学生弱连标记的使用频率均值为 12.5，汉语母语者的使用频率均值为 22.6。独立样本 t 检验的结果显示，t 值为 -8.727，p 值为 0.000（双尾），两组数据均值在 0.05 水平上存在显著差异。这说明在随意语体独白中留学生弱连标记的使用频率显著低于汉语母语者。

其次，在较随意语体独白中弱连标记使用频率如表 4-4 所示：

表 4-4　较随意语体独白中弱连标记使用频率

说话人	人数	均值	标准差
留学生	80	13.2350	4.71921
汉语母语者	64	17.0922	5.29349

从上表可以看出，在较随意语体的话题表达中，留学生弱连标记的使用频

率均值为 13.2，汉语母语者的使用频率均值为 17.1。独立样本 t 检验的结果显示，t 值为 −4.616，p 值为 0.000（双尾），两组数据均值在 0.05 水平上存在显著差异。这说明在较随意语体独白中，留学生弱连标记的使用频率显著低于汉语母语者。

最后，在较正式语体独白中弱连标记使用频率如表 4-5 所示：

表 4-5　较正式语体独白中弱连标记使用频率

说话人	人数	均值	标准差
留学生	80	14.5700	6.68335
汉语母语者	64	12.9359	5.58556

从上表可以看出，在较正式语体的故事复述中留学生弱连标记的使用频率均值为 14.6，汉语母语者的使用频率均值为 12.9。独立样本 t 检验的结果显示，t 值为 1.566，p 值为 0.119（双尾），两组数据均值在 0.05 水平上差异并不显著。这说明在较正式语体独白中留学生弱连标记的使用频率高于汉语母语者，但是二者间并无显著差异。

3. 语体认知与弱连标记数量及频率的差异化调整

如前所述，在随意和较随意语体独白中，留学生弱连标记的使用数量均低于汉语母语者，而在较正式语体独白中，汉语母语者弱连标记使用数量减少，留学生使用数量增加，并超过汉语母语者。另外，使用频率更能代表真实的使用情况。从这一点上看，留学生与汉语母语者弱连标记的使用频率都会随语体正式化程度的提升而变化，不过，前者使用频率不断提高，而后者使用频率显著下降。

由此可见，语体正式与否对独白中话语之间的衔接提出了不同的要求。说话人通过调整弱连标记的使用数量及频率，突出了正式语体独白中话语组织的语言形式特征。对汉语母语者而言，语体正式意味着口语表达要清晰、规范、紧凑，不能拖泥带水，所以他们大幅减少没有明确语法作用，而且缺乏真值语义的弱连标记的使用数量，凸显正式语体的话语特点。然而，在留学生的认知中，语体正式意味着口语表达要达到更高的水平，而这主要体现在表达的流畅度和连贯性方面，所以当他们遇到困难或者出现犹豫的时候，就自然地提高弱连标记的使用数量及频率，以此替代暂时性的停顿、重复或者"嗯、啊、呃"等，使得口语表达听起来更加流畅，从而增强独白在形式和内容上的连贯性，满足正式语体的话语组织需求。

留学生与汉语母语者对语体语言特征的认知存在差异，这导致二者在实施弱连标记的语体顺应策略时使用数量及频率的调整出现明显的分化。留学生为突出正式语体的话语组织特点而提高弱连标记使用数量及频率的做法可能受到其话语生成方法的影响。Pawley & Syder（1983）在研究第二语言学习者的二语使用情况时发现，他们实际使用的不是单独的词，而是词汇化的句子段（lexicalized sentence stems），即语块。基于此，该研究认为，对第二语言学习者来说，语言运用在一定程度上是以其所掌握的例子为基础的，而这些例子就是一个个在用法上具有约定俗成性质的语块，二语表达能力的形成与大脑中积累的大量有用的语块密切相关。留学生用汉语独白时也会遵循第二语言学习者的词汇使用规律，也就是经过信息加工，将记忆中的语块拼凑起来，最终形成独白。在这种情况下，大脑对语块的记忆程度会影响信息加工的过程，进而影响表达的流畅度、连贯性以及准确性。

从研究语料来看，不同语体独白中，留学生对所需借助的语块的记忆程度存在差异。在随意语体的自由表达中，留学生将有关个人情况、兴趣爱好和业余生活等内容的语块组织在一起；在较随意语体的话题表达中，留学生将课上所学和课本所用的语块组织在一起；在较正式语体的故事复述中，留学生将文本中的语块组织在一起。自由表达和话题表达中借助的是留学生掌握较早并且经过强化训练、口语中经常使用的语块，它们已经储存在大脑的长时记忆之中。相反，故事复述中借助的是留学生刚接触的文本中的语块，只能储存于短时记忆之中，独白过程中的遗忘率较高。另外，留学生在利用这些语块进行复述时，需要调动对语块表层形式和内容的记忆，因为大脑对形式的记忆弱于对内容的记忆，所以留学生在接触故事文本的短时间内，主要记住了内容，复述时需要将内容嵌套进长时记忆中的语言结构和规则之中，信息加工更为复杂，独白时容易出现话语空白等问题。

因此，随着语体正式化程度的提升，留学生希望以更加流畅的输出来达到正式语体对口语表达的要求，而他们惯用的话语生成方法在完成故事复述任务时却很难发挥作用，不利于形成流畅的口语输出。主观愿望与客观现实之间的矛盾导致留学生不断提高弱连标记的使用数量及频率，以此增强话语表达的形式连贯。这种使用数量及频率上的调整既是顺应留学生对正式语体认知的表现，也是组织正式语体独白的应对方法。

二、 不同语体中弱连标记话语功能侧重

留学生弱连标记在随意语体的自由表达、较随意语体的话题表达和较正式语体的故事复述中的话语功能有所不同。另外，在不同语体独白中，留学生与汉语母语者弱连标记所发挥的话语功能存在差异。这说明说话人会根据独白的语体特征，通过调整弱连标记的话语功能，实施弱连标记的语体顺应策略，而留学生作为第二语言学习者，其策略与汉语母语者并不相同。

1. 留学生弱连标记功能分布的语体差异

我们统计了弱连标记在各类话语功能上的分布数量，归纳出了不同语体独白中弱连标记的功能分布情况，具体结果如图 4-2 所示：

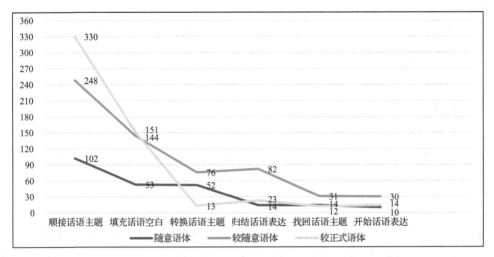

图 4-2 不同语体独白中弱连标记话语功能分布（单位：个）

从上图可以看出，在随意语体独白中，留学生弱连标记的主要功能是顺接

话语主题。如：

［54］情景：说话人进行自由表达。

我非常喜欢运动，**然后**有非常强壮的肌肉，同学们都叫我马。第二就是上初中的时候，当时我比较胖，**然后**我经过运动这样的减了 12 公斤，**然后**同学们都认为我的意志非常坚定……（H05）

除此以外，填充话语空白和转换话语主题功能也比较突出。如：

［55］情景：说话人进行自由表达。

……睡觉以前也听音乐，什么受压力的时候，我觉得我一直听音乐。嗯——**还有**——呃—**还有**——说什么问题呢？呃—嗯—呃—这不是我的介绍，但是我觉得来语言大学是一个好的机会……（H12）

［56］情景：说话人进行自由表达。

……我有一个弟弟，他刚毕业了。他—呃昨年呃—参加军队去了，所以我和我的妈妈特别特别担忧，因为他从来没有独立生活过，为他特别特别担忧。**还有**—我是一个学者，因为现在我有男朋友，我们一起同居了两年了，他要是学者，所以这是我们的共同点……（E08）

经统计，这两类功能上分布的标记数量十分接近，其他功能则相对较弱，分布的标记数量很少，均不足 15 个。

在较随意语体独白中，弱连标记的主要功能同样是顺接话语主题。除此以外，填充话语空白功能愈发凸显，分布的标记数量接近 150 个，转换话语主题和归结话语表达功能也有所增强，分布的标记数量在 80 个左右，而其他功能则相对较弱，分布的标记数量仅有 30 个。

在较正式语体独白中，弱连标记的主要功能仍然是顺接话语主题。除此以外，填充话语空白功能更加突出，分布的标记数量超过 150 个，而其他功能很弱，分布的标记数量全部低于 25 个。

由此可见，无论何种语体，留学生弱连标记的主要功能均为顺接话语主题和填充话语空白，而且随着语体正式化程度的提升，这两项功能均不断增强。

另外，在不同语体独白中，弱连标记在各类功能上的分布形态有差别：在随意语体独白中，顺接话语主题、转换话语主题以及填充话语空白三类功能较为突出；在较随意语体独白中，顺接话语主题、转换话语主题以及填充话语空白和归结话语表达四类功能较为突出；在较正式语体独白中，仅有顺接话语主题和填充话语空白两类功能较为突出。这说明：语体随意性强，留学生弱连标记的话语功能更加多样；语体正式程度高，弱连标记的话语功能则更加集中。

2. 留学生与汉语母语者弱连标记功能的语体对比

在随意语体独白中，留学生与汉语母语者弱连标记的功能分布如图 4-3 所示：

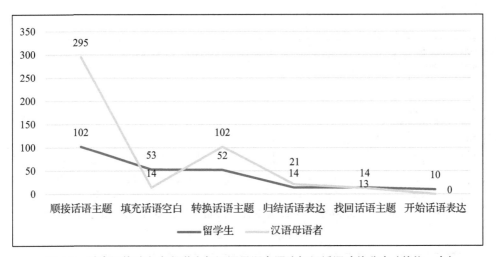

图 4-3　随意语体独白中留学生与汉语母语者弱连标记话语功能分布（单位：个）

从上图可以看出，汉语母语者弱连标记在各类话语功能上的数量分布差别很大，大多数标记都集中分布于顺接话语主题之上。如：

［57］情景：说话人进行自由表达。

……呃——还有那个兴趣爱好的话一周—羽毛球呢一周打、一周打个三—最少三次吧，业余生活也就周末的时候出去，**然后**平时的时候，呃—白天工作，嗯—学习，**然后**晚上的时候呢，也就——也也多—也多也多看一会儿吧。……（M04）

除此以外，转换话语主题也比较突出。比如：

［58］情景：说话人进行自由表达。

……听歌儿—主要听的是一些—电音、古风，然后—嗯——电影的话就—各种类型的都有。**那**我的老家是一个—比较山清水秀的地方，然后—我也很

喜欢—去住在一个—呃生活节奏比较慢、环境—环境相对来讲会比较——比较——比较—温和的地方……（M05）

从统计数字看，汉语母语者弱连标记在转换话语主题功能上的数量分布超过 100 个，而这一数量与顺接话语主题相差甚多。与之相比，留学生弱连标记在各类功能上的数量分布较为均衡，顺接话语主题是最突出的功能，而填充话语空白和转换话语主题也是比较重要的功能。

在较随意语体独白中，留学生与汉语母语者弱连标记的功能分布如图 4-4 所示：

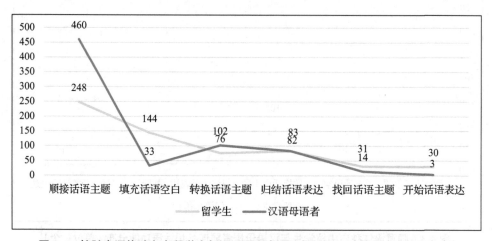

图 4-4 较随意语体独白中留学生与汉语母语者弱连标记话语功能分布（单位：个）

从上图可以看出，汉语母语者弱连标记的话语功能集中程度进一步提高，顺接话语主题功能更加突出。除此以外，转换话语主题功能上的数量分布超过 100 个，而这一数量与顺接话语主题功能的差距却大幅扩大。与之相比，留学生弱连标记的顺接话语主题和填充话语空白功能虽然有所增强，但是各类功能上的数量分布仍然较为均衡。

在较正式语体独白中，留学生与汉语母语者弱连标记的功能分布如图 4-5 所示：

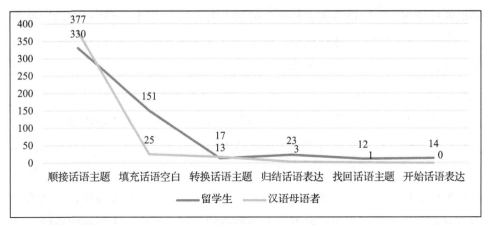

图 4-5 较正式语体独白中留学生与汉语母语者弱连标记话语功能分布（单位：个）

从上图可以看出，汉语母语者弱连标记集中分布于顺接话语主题功能上，其分布数量占标记总数的近90%，呈现单极化特点。与之相比，留学生弱连标记的顺接话语主题功能进一步增强，此功能上的标记分布数量接近汉语母语者。另外，填充话语空白也是很突出的话语功能，此功能上的标记分布数量超过150个。留学生弱连标记在各类功能上的均衡分布被打破，呈现出以顺接话语主题和填充话语空白为主的双极化特点。

3. 语体正式化与填充话语空白功能的凸显

如前所述，随着语体正式化程度的提升，汉语母语者弱连标记的话语功能更加集中于顺接话语主题。作为第二语言学习者，留学生弱连标记的功能侧重与汉语母语者有所不同，他们使用弱连标记顺接话语主题的同时，还利用弱连标记填充话语空白，而且这一功能在正式语体中愈发突出。我们对不同语体独白中填充话语空白功能上分布的弱连标记数量进行了统计，具体结果见表4-6：

表 4-6 填充话语空白功能上的弱连标记数量分布统计表

说话人	随意语体		较随意语体		较正式语体	
	数量	比例	数量	比例	数量	比例
留学生	53	21.6%	144	23.6%	151	27.8%
汉语母语者	14	3.1%	33	4.7%	25	5.9%

从上表可以看出，留学生弱连标记的填充话语空白功能随语体正式化程度

的提升而增强。与汉语母语者相比，留学生弱连标记的填充话语空白功能很突出，尤其是在较正式语体独白中，标记数量及其所占比例均大幅高于汉语母语者。这说明，留学生通过侧重弱连标记的填充话语空白功能来减少话语中断，从而达到正式语体独白对口语表达连贯性和流畅性的要求。

留学生通过增强弱连标记的填充话语空白功能来顺应正式语体独白的话语特点，这种语言组织策略可能与正式语体下独白的复杂度有关。对独白任务复杂度的判断可以从两个方面进行，第一个是说话人对话题的熟悉程度，第二个是独白的篇幅。通常情况下，说话人对所谈话题的熟悉程度越高，可谈的内容就越丰富，不会因为无话可说而影响独白的进程，说话人无须利用各种衔接手段来加强话语表达的连贯性；说话人的独白篇幅越长，表达过程中思维的发散性就越强，越需要使用话语衔接手段来增强独白的连贯性。

本研究中，在随意语体独白中，留学生介绍个人情况，他们对此十分熟悉，可介绍的内容包括很多方面，表达时所需的词汇和语法在平时接触频繁，且使用率较高，独白任务的复杂度较低；在较随意语体独白中，说话人围绕话题进行表达，而这些话题都是当代中国甚至全球范围内的热点问题，另外，这些话题大多是汉语教材重点关注和讨论的，留学生对此十分了解，独白任务的复杂度并不很高；在较正式语体独白中，留学生要复述的故事基本上都是第一次接触，他们对此不熟悉，复述时不仅要努力回想原文的语义内容，而且试图复现其中的语言形式，尽可能提高复述的准确性和完整性，独白任务的复杂度随之提高。

由此可见，随着语体正式化程度的提升，独白任务的复杂度也不断提高。留学生面对具有较高复杂度的独白任务时，语言能力上的不足被放大，他们在独白时遇到的表达障碍更多，暂时性的中断更频繁。而在留学生对语体的认知中，正式语体独白应该表达流畅，话语连贯。这种实际困难与理想认知之间的差距促使留学生更频繁地使用弱连标记，并且侧重发挥其填充话语空白的功能，在强化正式语体独白话语形式连贯性的同时，为后续表达争取思考的时间，从而最大程度地达到正式语体独白的标准。

除此以外，不同语体独白对留学生口语表达过程中心理状态的影响不同。在随意语体独白中，留学生完全不受约束，想到什么就可以说什么，心理状态比较放松；在较随意语体独白中，留学生围绕某个话题进行表达，尽管在话语内容上受到一定的限制，但是表达的思路和独白的框架仍然由自己把握，心理负担也不大；在较正式语体独白中，留学生要先看完并理解成语故事或寓言传说，然后进行复述，尽管不需要加入个人的思考和观点，但是这种基于记忆的表达对连贯性、完整性和准确性等都提出了较高的要求，说话人的心理状态较为紧张。

与母语表达相比，心理状态对第二语言运用的影响更大。随着语体正式化程度的不断提升，留学生独白时的心态逐渐由放松转为紧张，他们高度关注故事复述的完整性和准确性，并且尽量选择文本中所用的词汇和语法，有意识地对语言使用情况加以监控。在这种高压的心理状态下，留学生很难将大脑中碎片化的话语信息组织成有序的整体，容易产生较多的思维空白。为避免因思维空白、表达思路中断而过多地出现停顿、重复以及"嗯、啊、呃"等，留学生选择使用弱连标记填充话语空白，从形式上加强独白的连贯性和流畅性，彰显正式语体的表达特点。

由此可见，留学生进行不同语体独白时的心理状态不尽相同，而心理状态上的差异导致留学生对弱连标记不同话语功能的侧重不同。在轻松的随意性独白中，表达的自由度较大，临时性的话语较多，弱连标记的转换话语主题和找回话语主题等功能较为重要；而在正式程度高的独白中，表达以脚本为依托，相对固定，在语言能力欠缺的情况下，留学生需要使用弱连标记来填充话语空白，争取思考时间，以便顺利完成复述。

三、 弱连标记内部成员的语体分化

留学生弱连标记内部各成员在自由表达、话题表达和故事复述中的使用情况有所不同，并且个别标记表现出明显的语体使用倾向。这说明留学生使用弱连标记时，会对具有相似话语功能的各内部成员进行语体分化，以适应不同语体的话语表达特点。

1.“然后”和“还有”的语体互补性

“然后”和“还有”是说话人使用较多的弱连标记，而且它们在独白中的话语功能具有较高的重叠度。我们对留学生弱连标记“然后”和“还有”在各类话语功能上的分布情况进行了统计，具体结果见表4-7：

表4-7 “然后”和“还有”的话语功能分布

弱连标记	顺接话语主题	填充话语空白	转换话语主题	找回话语主题	开始话语表达	归结话语表达	使用总数
然后	362	104	37	6	2	1	512
还有	34	48	34	3	2	0	121

从上表可以看出，弱连标记“然后”和“还有”的使用数量在各类话语功能上的分布情况高度相似。它们的话语功能主要为顺接话语主题、填充话语空白和转换话语主题。如：

[59]情景：说话人进行自由表达。

……我有时间的话，就多交朋友，就说一说，我不太喜欢喝酒，我喜欢喝咖啡，**然后**我不太喜欢很多人一起在，我更喜欢单独，因为这样我会更，可能了解就我的对方……（H13）

[60]情景：说话人做关于女性社会地位变化的话题表达。

……我觉得——呃女人能，什么，她们想做什么就可以做什么。呃—这是—**还有**——说什么？嗯，嗯在俄罗斯我觉得很多人，很多女人有这样的情况，她们一边工作一边照顾她们的家里。呃—呃我们的俄罗斯的男人，他们特别懒的，我觉得越来越懒的。（E14）

[61]情景：说话人进行自由表达。

……对我来说嗯—我改变了呃我的梦想，因为我原来的梦想就是只是在韩国工作，但是现在呢我也可以在中国也工作。嗯—**还有**我的爱好就是看电影或者听音乐，呃—嗯音乐关联的呃—呃家人，我的家人有音乐关联的很多，工作的部分有很多，所以我小时候我想成为啊钢琴—钢琴专业，专家……（H09）

经统计，上述三类功能上的分布数量之和分别占各自使用总数的98.2%和95.9%。曹秀玲（2016）指出，从共时分布看，同一小类话语标记中的不同成员具有非排他性。作为弱连标记的内部成员，"然后"和"还有"的语篇分布和话语功能相同，可以互相替换使用。在这种情况下，留学生为凸显不同语体独白的语言形式特征和话语组织特点，对"然后"和"还有"的使用表现出较为明显的语体互补性，而这种互补性主要以使用数量、频率以及功能分布的语体差异为特点。

首先，留学生弱连标记"然后"和"还有"的使用数量随语体正式化程度的提升而发生不同的变化，具体统计结果见图4-6：

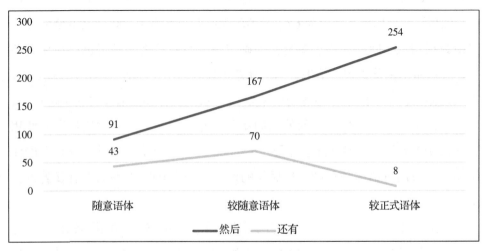

图 4-6 "然后"和"还有"使用数量统计（单位：个）

在独白过程中，留学生为推进和延续口语表达，对弱连标记"然后"和"还有"表现出明显的使用偏好。从语体顺应的角度看，弱连标记"然后"的使用数量随语体正式化程度的提升而大幅增加，弱连标记"还有"由随意语体到较随意语体，其使用数量平缓增长，而较正式语体独白中使用数量却急剧减少。从"然后"和"还有"的使用数量差距看，随着语体正式化程度的提升，二者之间的差距不断扩大。可见，为顺应正式语体独白的要求，留学生更多地使用弱连标记"然后"，并减少使用弱连标记"还有"，这两个标记呈现出明显的语体互补性分布的趋势。

其次，随着语体正式化程度的提升，留学生弱连标记"然后"和"还有"的使用频率发生了不同的变化。我们分别对弱连标记"然后"和"还有"在三种语体中的使用频率进行了单因素方差分析，具体结果如表4-8所示：

表 4-8 不同语体独白中"然后"和"还有"的使用频率统计分析

独白语体	频率均值		标准差	
	然后	还有	然后	还有
随意语体	4.1800	2.5925	5.58251	4.34391
较随意语体	3.3938	1.7463	3.95107	2.30870
较正式语体	6.6137	0.2263	6.18208	0.90995

单因素方差分析的结果显示，随意语体独白中"然后"的使用频率均值为 4.2，较随意语体独白中"然后"的使用频率均值为 3.4，较正式语体独白中"然后"的使用频率均值为 6.6，F 值为 7.958，p 值为 0.000（p=0.000<0.05），三组数据均值之间存在显著差异。为确定每两组数据之间是否也存在显著差异，我们做了多重比较，结果显示：随意语体独白中"然后"的使用频率与较正式语体独白中"然后"的使用频率在 0.05 水平上存在显著差异（p=0.029）；较随意语体独白中"然后"的使用频率与较正式语体独白中"然后"的使用频率在 0.05 水平上也存在显著差异（p=0.000）；随意语体独白中"然后"的使用频率与较随意语体独白中"然后"的使用频率在 0.05 水平上没有显著差异（p=0.665）。

随意语体独白中"还有"的使用频率均值为 2.6，较随意语体独白中"还有"的使用频率均值为 1.7，较正式语体独白中"还有"的使用频率均值为 0.2，F 值为 13.786，p 值为 0.000（p=0.000<0.05），三组数据均值之间存在显著差异。多重比较的结果显示：随意语体独白中"还有"的使用频率与较正式语体独白中"还有"的使用频率在 0.05 水平上存在显著差异（p=0.000）；较随意语体独白中"还有"的使用频率与较正式语体独白中"还有"的使用频率在 0.05 水平上也存在显著差异（p=0.000）；随意语体独白中"还有"的使用频率与较随意语体独白中"还有"的使用频率在 0.05 水平上没有显著差异（p=0.334）。

可见，就弱连标记"然后"和"还有"的具体情况而言，前者更频繁地用于正式语体，而后者则更多地用于随意语体。在正式语体独白中，在功能相似的情况下，"然后"的使用频率提升，满足了话语组织需求，所以"还有"的使用频率自然降低，这是两个标记互补性使用的必然现象。

另外，我们对留学生和汉语母语者弱连标记"然后"和"还有"的使用频率进行了对比，具体结果如表 4-9 所示：

表 4-9 "然后"和"还有"的使用频率统计分析

独白语体	频率均值				标准差				t 值		p 值	
	然后		还有		然后		还有		然后	还有	然后	还有
	汉语母语者	留学生	汉语母语者	留学生	汉语母语者	留学生	汉语母语者	留学生				
随意语体	13.7109	4.1800	4.6156	2.5925	6.10696	5.58251	3.91826	4.34391	9.763	2.900	0.000	0.004
较随意语体	8.5422	3.3938	2.1672	1.7463	4.82483	3.95107	2.45629	2.30870	7.041	1.057	0.000	0.292
较正式语体	7.9734	6.6137	0.7078	0.2263	4.90501	6.18208	1.42509	0.90955	1.435	2.461	0.154	0.015

从上表可以看出，在随意和较随意语体独白中，留学生弱连标记"然后"的使用频率均显著低于汉语母语者，而在较正式语体独白中，留学生弱连标记"然后"的使用频率大幅增加，并且十分接近汉语母语者，二者之间的差异不再显著。与此不同，留学生弱连标记"还有"在较正式语体独白中使用频率下降，并且显著低于汉语母语者。

以上数据说明，随着语体正式化程度的提升，留学生会通过弱连标记"然后"使用数量及频率的提高以及"还有"使用数量及频率的降低，来凸显正式语体的话语表达特点。

最后，语体正式化以后，在弱连标记"然后"和"还有"使用数量及频率一升一降的情况下，它们在顺接话语主题、填充话语空白和转换话语主题三类主要话语功能上的数量分布也呈现出较为明显的语体互补性，具体统计结果见表 4-10：

表 4-10 "然后"和"还有"的主要功能分布

话语功能	弱连标记	随意语体	较随意语体	较正式语体
顺接话语主题	然后	57	117	188
	还有	9	19	6
填充话语空白	然后	13	33	58
	还有	17	29	2

（续表）

话语功能	弱连标记	随意语体	较随意语体	较正式语体
转换话语主题	然后	19	13	5
	还有	16	18	0

从上表可以看出，在表示顺接话语主题的功能时，多数"然后"都出现在较正式语体独白中，其数量分布大幅超过随意语体和较随意语体独白中"然后"的数量，甚至多于这两种语体独白中"然后"的数量之和。与之相反，较正式语体独白中"还有"的数量分布最少。

与顺接话语主题的情况相同，在表示填充话语空白的功能时，多数"然后"都出现在较正式语体独白中，而多数"还有"则出现在随意性较强的自由表达和话题表达中。

除此以外，"然后"在较正式语体独白中具有转换话语主题的功能，而"还有"则不具备该功能。

由此可见，弱连标记"然后"和"还有"话语功能相似，如果其中一个标记的某一项功能减弱，可以通过强化另一标记的该项功能来平衡说话人对这一话语功能的需求，进而形成两个标记的语体互补性使用。

弱连标记"然后"和"还有"的语体互补性使用可能与留学生对语体的认识以及他们的学习经历有关。"然后"作为连词属于 HSK 三级词汇，而且经常出现在教材中，是留学生习得较早、接触频繁的常用词。"还有"作为连词是由表示存在的短语"还有"在语境、信息交流等诱因的影响下经过重新分析导致"还"和"有"之间分界消失而固定下来的，它是词汇化的结果（盛银花，2007）。目前连词"还有"并未收入 HSK 词汇大纲，留学生接触较早、掌握较好的用法仍然是表示存在的短语"还有"，教材中连词"还有"的使用情况比较少见。

留学生对汉语语体的认知以书面语和口语的区别为主，而书面语体的正式程度高于口语语体，所以在"然后"和"还有"语义弱化以后，留学生在较正式语体独白中更多地使用"然后"，在随意性更高的独白中"还有"的使用数量及频率则明显提高。

2.“那（么）”两种形式的语体分工

弱连标记“那（么）”在说话人独白中有两种表现形式，即“那”和“那么”。比如：

[62]情景：说话人进行自由表达。

Ok，**那**我现在介绍。啊—我叫久叶淳，那个，我是日本人，那个—我学，学了汉语—呃，啊，我汉语学了—啊，两年多，然后，啊，我先那个在日本学了一年，然后来中国，啊，学了一年半了，所以我一共学了两年半了……（H19）

[63]情景：说话人做关于网络利与弊的话题表达。

那么我选择是说—那个—网络给我们那个—，网络给我们的生活带来的了—好处，也带来了坏坏处，就是—呃在现代的—呃—呃生活中，呃—网络是—我们的不可缺少的……（H31）

总体而言，留学生在不同语体独白中对弱连标记“那（么）”的使用情况比较相似。不过，从“那（么）”两种表现形式的具体使用情况看，“那”和“那么”的使用存在明显的语体分工。我们对不同语体独白中“那”和“那么”的使用数量及频率进行了统计，结果如表 4-11 所示：

表 4-11　不同语体独白中“那（么）”的使用情况

弱连标记	随意语体		较随意语体		较正式语体	
	数量	频率	数量	频率	数量	频率
那	18	1.4366	28	0.5490	4	0.1038
那么	2	0.1597	6	0.1035	25	0.6487

从上表可以看出，留学生随意语体和较随意语体独白对“那”有明显的使用偏好，而较正式语体独白对“那么”有明显的使用倾向。从统计结果看，随意语体独白中“那（么）”的使用总数不多，仅为 20 个，但“那”的使用数量多达 18 个，所占比例高达 90.0%；较随意语体独白中“那（么）”的使用总数有所增加，为 34 个，其中“那”的使用数量为 28 个，所占比例达到 82.4%；较正式语体独白中“那（么）”的使用总数为 29 个，其中“那么”的使用数量为 25 个，所占比例为 86.2%。另外，从使用频率上看，随意语体和较随意语体独白中“那”的使用频率均高于“那么”，较正式语体独白中“那么”的使用频率

高于"那"。不过，经统计学检验，仅有随意语体独白中"那"和"那么"的使用频率存在显著差异（p=0.003）。以上数据说明，留学生使用弱连标记"那（么）"时，该标记的两种表现形式语体分化明显，"那"多用于随意性强的语体，而"那么"多用于正式程度高的语体。

弱连标记"那（么）"两种表现形式的语体分化可能与其源词的用法有关。"那"和"那么"作为连词，真值语义是相同的。不过，二者的使用语境有所差别。相对来说，"那"更多地用于口语，"那么"更多地用于书面语。它们语义弱化，作为话语标记的用法仍然受到口语和书面语分工的影响，"那"仍然用于随意语体，而"那么"则用于正式语体。

此外，从"那"和"那么"的话语功能上看，前者更多地起到开始话语表达、填充话语空白以及转换话语主题的作用，后者在顺接和找回话语主题以及归结话语表达方面具有突出的语用功能。不同语体独白对话语组织的需求不尽相同。一般来说，随意性强的语体话语内容较为松散，临时性的话语频繁出现，说话人为引起听话人的注意，会特别强调表达的开始，所以对具有开始话语表达、填充话语空白以及转换话语主题功能的弱连标记有更高的需求。相反，正式程度高的语体话语表达有脚本为依托，内容相对固定，只要依循某一主题不断展开，并适当进行总结归纳，就能比较顺利地完成独白，所以对具有顺接话语主题和归结话语表达功能的弱连标记有更高的需求。"那"和"那么"的主要话语功能分别适应了随意语体和正式语体独白的表达需求，因此，留学生通过"那"和"那么"两种形式的语体分化，顺应不同语体的话语组织特点。

3. "而且"的语体使用倾向

弱连标记"而且"尽管使用数量有限，但是能够发挥话语组织功能。比如：

［64］情景：说话人做关于地区差异的话题表达。

……要么是莎莎士比利亚，要么是呃—别的人，呃像他一样用英文的文学把呃那个北欧给呃—英国带来的那些呃影响融合在一起，然后产生了一个呃—一种音乐。我还是不太呃—理解那个方面的事。呃—**而且**—最后一个是气候。气候呢，我们的气候是摸不准，呃—变得很快。呃—以前会下雨，会有呃—呃—大的太阳，还有一会呃—有呃不同的呃—情况。……（E35）

我们考察语料后发现，在不同语体独白中，留学生对弱连标记"而且"的使用表现出一定的语体倾向。根据统计，在随意语体独白中，留学生没有使用弱连标记"而且"；在较随意语体独白中，留学生弱连标记"而且"的使用数量为 13 个；在较正式语体独白中，留学生弱连标记"而且"的使用数量为 4 个。可见，留学生很少使用弱连标记"而且"，并且他们不会在随意性强的独白中使用。另外，我们分别统计了不同语体独白中留学生弱连标记"而且"的使用频率，并且与汉语母语者进行了对比，具体结果如表 4-12 所示：

表 4-12　不同语体独白中"而且"的使用频率统计分析

独白语体	频率均值		标准差		t 值	p 值
	汉语母语者	留学生	汉语母语者	留学生		
随意语体	0.2063	0.0000	0.72787	0.00000	2.537	0.000
较随意语体	0.4281	0.2937	0.80148	0.85423	0.964	0.337
较正式语体	0.1547	0.1200	0.68659	0.53139	0.342	0.733

从上表可以看出，与汉语母语者一致，留学生弱连标记"而且"的使用频率随语体正式程度的提升而不断提高。独立样本 t 检验的结果显示，在随意语体独白中，留学生弱连标记"而且"使用频率显著低于汉语母语者；在较随意和较正式语体独白中，留学生与汉语母语者之间不存在显著差异。以上数据说明，留学生更倾向于在正式程度高的语体中使用弱连标记"而且"，并且使用频率接近汉语母语者。

留学生弱连标记"而且"的语体使用倾向可能与连词"而且"在 HSK 词汇大纲中的等级及其在汉语教材中的出现顺序有关。首先，"而且"是 HSK 三级词汇，而留学生使用更为频繁的"所以"和"但是"等弱连标记的源词属 HSK 二级词汇，词汇等级的提升表示其使用频率、常见度略有下降，而学习难度有所提高。其次，我们考察了使用人数较多的三套系列教材《博雅汉语》《成功之路》和《发展汉语》，在这三套教材初级阶段课本的词汇学习安排上，"而且"的出现顺序均靠后，晚于"所以""但是"和"然后"等。学习顺序的安排会影响留学生的心理认知，当他们掌握了连词"所以""但是"和"然后"以后，再学习连词"而且"时，会认为随着汉语学习的深入，"而且"在语义、用法等方面的难度都有所提高。当"而且"语义弱化，作为话语标记使用时，留学生将对连词"而且"的心理认知投射到话语标记用法上。

在这种情况下，留学生在较随意语体和较正式语体独白中更频繁地使用了等级更高、难度更大的弱连标记"而且"，并且避免在随意性强的独白中使用这一标记，从而凸显正式语体和随意语体的语言形式差别。不过，受使用数量有限的影响，这种语体使用倾向仅仅初露端倪，还需要在更大规模语料库的支持下进一步考察。

四、 本章小结

本章重点讨论了留学生弱连标记的语体顺应策略。

语体不同，独白的语言形式特征和话语组织特点也有差异。留学生对语体的认知不同于汉语母语者，他们认为随意性强的独白内容松散，语句简短，所用词语以高频、低等级词汇为主，语言组织相对灵活，临时性话语比较多，语体正式化以后，独白内容受脚本影响而相对固定，话语主线更加明显，临时性话语大幅减少，所用词语的等级有所提高，表达应该更加流畅、连贯。

留学生通过弱连标记的差别化使用来顺应正式语体的表达需求，凸显正式语体与随意语体的话语差异。这种语体顺应策略主要表现为以下几点：

（1）在使用数量方面，随着语体正式程度的提升，留学生与汉语母语者弱连标记的使用数量差距不断缩小，在较正式语体中实现反超。

（2）在使用频率方面，随着语体正式程度的提升，留学生弱连标记使用频率不断提高，在较正式语体独白中，留学生弱连标记的使用频率与汉语母语者并不存在显著差异。

（3）在功能分布方面，随着语体正式程度的提升，留学生弱连标记的话语功能聚焦程度不断提高，与汉语母语者相比，填充话语空白功能更加突出。

（4）弱连标记"然后"和"还有"在实际使用过程中表现出语体互补性，"然后"更频繁地用于正式程度高的独白，"还有"更频繁地用于随意性强的独白；弱连标记"那（么）"的两种表现形式表现出明显的语体分工，"那"多用于随意性强的独白，"那么"多用于正式程度高的独白；弱连标记"而且"表现出一定的语体使用倾向，留学生不会在随意性强的独白中使用"而且"，而正式程度高的独白中"而且"的使用频率更高。

　　总而言之，语体正式化以后，留学生会通过增加弱连标记的使用数量、提高弱连标记的使用频率、偏重弱连标记的填充话语空白功能、选用"然后""而且"和"那么"等标记，来提升表达的连贯性和流畅度，突出正式语体独白的语言形式特征和话语组织特点。

第五章

留学生弱连标记的体裁顺应策略

本研究中，话题表达的具体题目包括两大类，第一类是事件描述或人物介绍性题目，第二类是观点说明或问题分析性题目。在相关题目的引导下，说话人独白时所采用的表达方式有所不同。针对第一类题目，说话人主要采用记叙的表达方式；针对第二类题目，说话人主要采用议论的表达方式。一般而言，表达方式是语篇体裁类型的主要判断标准。根据说话人主要采用的表达方式，本研究将话题表达的独白语篇确定为叙述型和论述型两类体裁。

独白语篇体裁不同，说话人在词汇、句法、语义等层面所做的选择也会有所区别。我们认为，说话人通过弱连标记的差异化使用来彰显不同体裁独白的语言特征，突出不同体裁独白的表达特点，最终增强独白表达效果的方法，即为弱连标记的体裁顺应策略。作为第二语言学习者，留学生弱连标记的体裁顺应策略与汉语母语者并不相同。

一、 不同体裁中弱连标记使用数量及频率调整

留学生在不同体裁独白中使用弱连标记的情况有所不同，并且与汉语母语者的使用情况存在较大差异。这说明留学生会根据独白的体裁类型，通过调整弱连标记的数量及频率，实施弱连标记的体裁顺应策略。与汉语母语者相比，这一策略具有第二语言学习者语用特征。

1. 留学生弱连标记使用情况的体裁差异

经统计，留学生中有 38 人在第一类题目的引导下进行了话题表达，另有 42 人在第二类题目的引导下进行了话题表达。我们分别对叙述型独白和论述型独白中所用弱连标记进行了统计。结果显示，相较于叙述型独白，留学生在论述型独白中更多地使用弱连标记来衔接前后话语，具体统计结果见图 5-1：

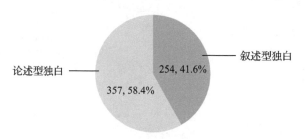

论述型独白 —— 叙述型独白
254, 41.6%
357, 58.4%

图 5-1 不同类型独白中留学生弱连标记的使用数量

从上图可以看出，在话题表达中，弱连标记的使用总数为611个。其中，叙述型独白中弱连标记的使用数量为254个，占总数的41.6%；论述型独白中弱连标记的使用数量为357个，占总数的58.4%。另外，从人均使用情况来看，叙述型独白中人均使用数量为6.7个，论述型独白中人均使用数量为8.5个。从这组数据可以看出，论述型独白中弱连标记的使用总数和人均使用数量均明显增加，留学生以此凸显论述和叙述的表达差异。

另外，分别统计叙述型独白和论述型独白中弱连标记的千字频后，我们比较了叙述型和论述型独白中弱连标记的使用频率，具体统计结果见表5-1：

表5-1　不同类型独白中弱连标记的使用频率

独白类型	人数	均值	标准差
叙述型独白	38	12.9105	5.47751
论述型独白	42	13.5286	3.95606

从上表可以看出，留学生叙述型独白中弱连标记使用频率均值为12.9，论述型独白中弱连标记使用频率均值为13.5。独白语篇的体裁类型对弱连标记使用频率有影响，留学生在进行论述型独白时更频繁地使用弱连标记。不过，独白独立样本t检验的结果显示，尽管论述型独白中弱连标记使用频率高于叙述型独白，但是二者之间并不存在显著性差异，其中t值为0.583，p值为0.562（双尾），两组数据均值在0.05水平上差异不显著。这说明，从弱连标记的使用频率上看，留学生会通过提高弱连标记的使用频率来突出论述型独白的表达特点，但提高的幅度并不明显。

2. 留学生和汉语母语者弱连标记的体裁使用对比

我们统计了不同体裁独白中留学生和汉语母语者弱连标记的使用数量并做了对比，统计结果见表5-2：

表5-2　不同体裁中留学生与汉语母语者弱连标记使用数量对比　　（单位：个）

说话人	叙述型独白语篇	论述型独白语篇
留学生	254	357
汉语母语者	412	283

从上表可以看出，在叙述型独白中，留学生弱连标记的使用数量为254个，

汉语母语者弱连标记的使用数量为 412 个，留学生比汉语母语者少用 158 个；在论述型独白中，留学生弱连标记的使用数量为 357 个，汉语母语者弱连标记的使用数量为 283 个，留学生比汉语母语者多用 74 个。另外，分别从留学生和汉语母语者不同体裁独白中弱连标记使用数量的变化趋势看，独白语篇的体裁由叙述型转换为论述型，留学生弱连标记的使用数量大幅增加，而汉语母语者弱连标记的使用数量却大幅减少，二者呈现出完全相反的调整方向。

除了使用数量，在不同体裁独白中留学生和汉语母语者弱连标记的使用频率也存在差异。我们分别统计了叙述型独白和论述型独白中留学生和汉语母语者弱连标记的千字频，然后进行了统计学意义上的差异分析。首先，叙述型独白中弱连标记使用频率差异如表 5-3 所示：

表 5-3　叙述型独白中留学生与汉语母语者弱连标记使用频率对比

说话人	人数	均值	标准差
留学生	38	12.9150	5.47751
汉语母语者	35	18.6914	5.61313

如上表所示，在叙述型独白中，留学生弱连标记的使用频率均值为 12.9，汉语母语者的使用频率均值高达 18.7。独立样本 t 检验的结果显示，t 值为 -4.452，p 值为 0.000（双尾），两组数据均值在 0.05 水平上存在显著差异。这说明叙述型独白中留学生弱连标记的使用频率显著低于汉语母语者。

其次，论述型独白中弱连标记的使用频率差异如表 5-4 所示：

表 5-4　论述型独白中留学生与汉语母语者弱连标记使用频率对比

说话人	人数	均值	标准差
留学生	42	13.5286	3.95606
汉语母语者	29	15.1621	4.21108

从上表可以看出，在论述型独白中，留学生弱连标记的使用频率均值为 13.5，汉语母语者的使用频率均值为 15.2。独立样本 t 检验的结果显示，t 值为 -1.666，p 值为 0.100（双尾），两组数据均值在 0.05 水平上差异并不显著。这说明论述型独白中留学生弱连标记的使用频率与汉语母语者较为接近，不存在显著差异。

以上数据说明，为了顺应不同体裁独白的表达需要，留学生与汉语母语者对弱连标记使用数量及频率的调整存在差异。留学生为了凸显论述型独白的表达特点，弱连标记的使用数量大幅提高，超过汉语母语者，使用频率也有所提高，接近汉语母语者。相反，汉语母语者进行论述型独白时，语言组织更加严密，大幅降低弱连标记的使用数量及频率，以此突出论述表达的严谨性特点。留学生与汉语母语者弱连标记的体裁顺应策略有所不同。

3. 体裁意识与弱连标记数量及频率的差异化使用

在汉语表达中，叙述型独白意味着全面、完整地述说一件事情或者具体、细致地介绍一个人物；论述型独白意味着直接、明确地阐述观点以及条理清晰地陈述论据。一般情况下，在叙述的过程中，说话人思维比较发散，力争将关于主题的方方面面全部呈现出来，从而有效展示事件画面；在论述的过程中，说话人思路清晰，逻辑性强，从不同角度分析问题、证明观点，并得出结论。

体裁类型不同，对话语表达的要求不同。汉语母语者清晰的体裁意识促使他们在不同体裁独白中对弱连标记的使用产生明显差别。他们在叙述型独白中更多、更频繁地使用弱连标记，将琐碎的事件细节或者人物特征串联起来，加强独白的连贯性，而在论述型独白中则更加强调论据排列的条理性和分析的层次性，表达结构相对格式化，不需要过多的弱连标记来组织话语，所以弱连标记的使用数量及频率随之降低。

然而，尽管本研究中留学生的汉语水平达到了 HSK（新）五级以上，但是作为第二语言学习者，他们的体裁意识仍然比较薄弱，对叙述型独白和论述型独白的表达差异并不明确。我们认为，这与留学生汉语学习过程中接触的语言材料有很大关系。教材是留学生学习汉语的重要语言材料。到了高级阶段，教材中大部分课文都属于叙述型语篇。根据我们对《博雅汉语》《成功之路》和《发展汉语》三套系列教材高级阶段课本的考察，《博雅汉语》飞翔篇共 28 课，《成功之路》冲刺篇和成功篇共 24 课，《发展汉语》高级综合课本共 30 课，其中写人记事等以描述和叙述为主的课文分别占三套教材的 60.7%、58.3% 和 60.0%，其余课文包括说明文、新闻报道和议论文等。在这种情况下，留学生接触最多的是叙述型语篇，对这类体裁的语言形式特征和话语组织特点较为熟悉。相反，他们接触到的议论型语篇很少，对这类体裁的语言形式特征和话语组织特点较为生疏。

受此影响，留学生对汉语语篇的认知主要基于叙述型语篇的特点，对不同体裁语篇之间的区别没有形成明确的认识，很难有效区分并输出具有明显差异的叙述型和论述型独白语篇。因此，对留学生而言，论述型独白意味着对话题所蕴含的正反两方面的观点进行详细说明，并通过讲述更多的具体事例来表达个人看法。从这个角度看，论述体裁语篇并非逻辑分析、解释评论，而是罗列实例、全面说明。论述型独白与叙述型独白之间界限不清，差别不明，而且因为需要具体说明正反两方面的观点，独白内容有所增加。这直接导致留学生进行论述型独白时需要更多的弱连标记来衔接话语，加强语篇的连贯性，其使用数量大幅增加，使用频率也有所提高。不过，因为论述型独白中存在事例叠加的现象，其话语量有所增加。本研究中，论述型独白的转写语料为 25902 字，而叙述型独白的转写语料为 19368 字。因此，在论述型独白中弱连标记的使用数量比叙述型独白多出 100 余个的情况下，使用频率并没有显著提高。

总而言之，体裁意识影响说话人叙述型独白和论述型独白中弱连标记的使用数量及频率。留学生对论述体裁语篇的认知远未达到汉语母语者的水平，他们认为独白过程中只要表明观点，并大量列举实例，就可以突出论述的特点。因此，为顺应论述型独白内容多、话语衔接需求大的特点，留学生提高了弱连标记的使用数量及频率。

二、 不同体裁中弱连标记话语功能的变化

留学生叙述型和论述型独白中弱连标记的话语功能有所不同。另外，在不同体裁独白中，留学生与汉语母语者使用的弱连标记发挥的话语功能存在差异。这说明说话人会根据独白的体裁特征，通过调整弱连标记的话语功能分布，实施弱连标记的语体顺应策略。而留学生作为第二语言学习者，其策略与汉语母语者并不相同。

1. 留学生弱连标记功能分布的体裁差异

我们统计了弱连标记在各类话语功能上的分布数量，归纳出了叙述型独白

和论述型独白中弱连标记的功能分布情况，具体结果如图 5-2 所示：

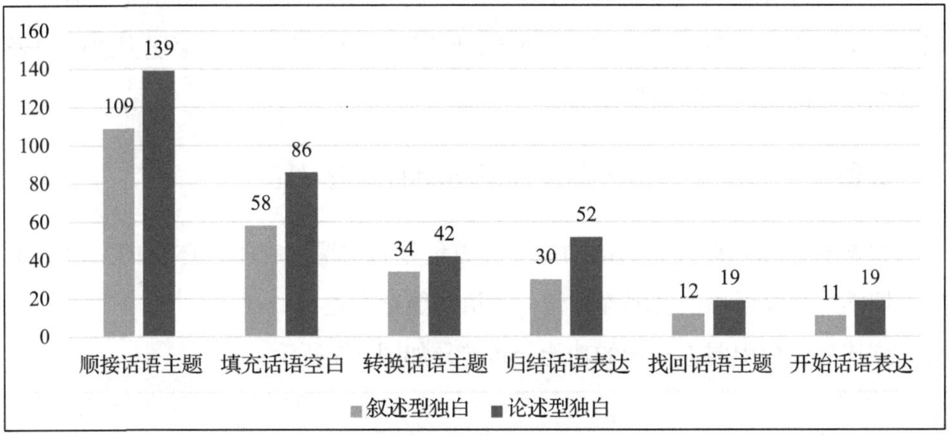

图 5-2　不同体裁中弱连标记的功能分布（单位：个）

　　我们对比了叙述型独白和论述型独白中弱连标记的功能分布情况，发现当独白由叙述转换为论述时，顺接话语主题、填充话语空白和归结话语表达功能进一步加强。比如：

　　［65］情景：说话人做关于网络利与弊的话题表达。

　　……好处的一欸我们都可以感觉到，比如说我们可以嗯网购，就是一在网上买东西，比如说上淘宝、京东，欸一买我们自己想要的东西，**然后**也很方便，因为一还有一那个快递把那个东西送到你一你家里或者你的附近……（E38）

　　［66］情景：说话人做关于语言多样性还是统一化的话题表达。

　　……嗯一但是母语也很重要呢，为什么呢？因为母语这是跟你的母亲，跟你的家庭有关系呢，你跟你的家人就是交流呢，**所以**一跟一跟你的家人交流呢，跟你的家乡交流呢，可能那个城市还是国家的呢……（E18）

　　［67］情景：说话人做关于选择什么工作的话题表达。

　　……当老师呢一呃一每一年的内容一呃没有一呢太多新的，所以这样的一嗯我觉得不太辛苦。那嗯——呢如果嗯—呢我负责的内容，我已经熟悉了，然后呢好好呃—好好改善，那么好好呃—完善呃—完善自己负责的内容，那对于学生来说一有帮助。**所以**这是我的希望。（H33）

　　经统计，以上三类功能上分布的标记数量增幅明显。另外，归结话语表达功能不仅分布的标记数量增加了 20 余个，而且功能排序也从叙述型独白中的第四位提升为论述型独白中的第三位。可见，除了顺接话语主题和填充话语空白以外，留学生会通过侧重弱连标记的归结话语表达功能，突出论述型独白的表达特点，以此区别于叙述型独白。

2. 留学生与汉语母语者弱连标记功能的体裁对比

根据弱连标记在各类话语功能上的数量分布情况，在不同体裁的独白语篇中，留学生与汉语母语者弱连标记的话语功能存在差异。

叙述型独白中弱连标记的功能分布差异如图 5-3 所示：

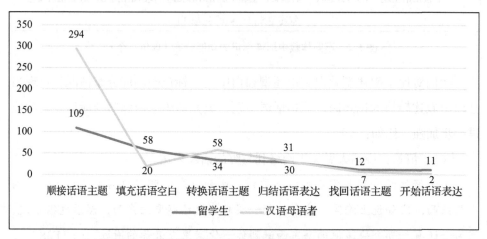

图 5-3　叙述型独白中留学生与汉语母语者弱连标记的话语功能分布（单位：个）

从上图可以看出，在叙述型独白中，留学生弱连标记的功能分布较为平衡，其中主要功能是顺接话语主题。除此以外，填充话语空白也是非常重要的功能，共有近 60 个标记发挥了这一功能。相比之下，其他功能上分布的标记数量比较少，并且与顺接话语主题和填充话语空白的差距较大。

与留学生不同，汉语母语者弱连标记的功能分布较为集中，顺接话语主题功能上分布的标记数量接近 300 个，占标记总数的比例超过 70%。在其他功能中，转换话语主题功能上的分布数量略多一些，达到 58 个。

相比之下，留学生与汉语母语者弱连标记的功能差异主要体现在填充话语空白和转换话语主题功能的排序上。除顺接话语主题以外，填充话语空白是留学生弱连标记最重要的话语功能，而对汉语母语者来说，填充话语空白仅排在

第四位，转换话语主题是弱连标记更加重要的话语功能。

可见，在叙述一件事或者描述一个人的过程中，汉语母语者除了顺承前述话语的主题以外，更多地通过弱连标记转换话题，从其他方面展开表达，延续独白。与之相比，留学生汉语能力有限，除了顺承前述话语的主题以外，主要通过弱连标记填充话语空白，争取思考时间来组织后续话语，从而形成形式连贯的长篇幅独白。

论述型独白中留学生与汉语母语者弱连标记功能分布如图 5-4 所示：

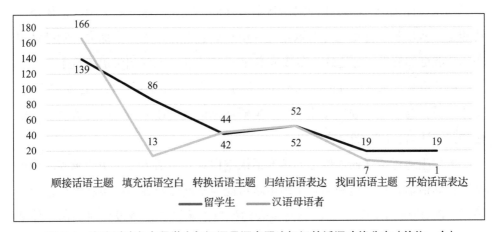

图 5-4　论述型独白中留学生与汉语母语者弱连标记的话语功能分布（单位：个）

从上图可以看出，与叙述型独白相比，在论述型独白中，留学生弱连标记功能分布的起伏性增强，但是不同功能上标记数量变化总体上仍然较为平缓。其中，顺接话语主题是最主要的功能。除此以外，填充话语空白和归结话语表达也是很重要的功能，有近 90 个和超过 50 个标记发挥了这两类功能。

与留学生不同，汉语母语者弱连标记的功能分布仍然较为集中，超过 60%的标记发挥了顺接话语主题的功能。除此以外，归结话语表达和转换话语主题功能上分布的标记数量略多一些，分别为 52 个和 44 个，而其他功能上分布的标记数量均在 10 个左右。

相比之下，留学生与汉语母语者弱连标记的功能差异主要体现在填充话语空白和归结话语表达的功能排序上。除顺接话语主题以外，填充话语空白仍然是留学生弱连标记最重要的话语功能，而对汉语母语者来说，填充话语空白仅排在第四位，归结话语表达是弱连标记更加重要的话语功能。

可见，在论述一个观点的过程中，汉语母语者会通过弱连标记不断归结前述话语的中心意思，以此突出论述体裁的表达特点。与之相比，留学生话语中弱连标记的归结话语表达功能也明显增强，但是受制于汉语语言能力，他们更需要通过弱连标记填充话语空白，争取思考时间来提高论述表达的连贯性。

3. 体裁难度与留学生弱连标记功能侧重

如前所述，从叙述型独白到论述型独白，留学生弱连标记的顺接话语主题功能加强，标记的分布数量与汉语母语者之间的差距大幅缩小；填充话语空白功能也有所增强，标记的分布数量与汉语母语者的差距进一步加大；归结话语表达功能更加突出，标记的分布数量增加了 20 余个，与汉语母语者持平。

由此可见，独白语篇的体裁不同，留学生弱连标记的话语功能也随之变化。总体上看，与叙述型独白相比，留学生弱连标记在论述型独白中的填充话语空白和归结话语表达功能更为突出。

留学生通过增强弱连标记的填充话语空白和归结话语表达功能来顺应论述型独白的话语特点，这种语言组织策略可能与不同体裁独白的难度存在差异有关系。Bachman（1999）在谈到自主表达型口语测试的任务设计时指出，体裁是影响任务难度的重要因素。在汉语学界，描写、叙述、说明和议论的语篇体裁四分法得到普遍认同。冯启忠（1999）在比较了描写、叙述、说明（包括议论）的结构组织特征的基础上，指出叙述是以时间为序组织结构，描写是以空间为序组织结构，而说明（包括议论）最复杂，是将叙述或描写与分析相结合，并以逻辑为序组织结构。这一认识间接地说明了体裁难度的差别，即描写和叙述相对容易，而说明（包括议论）相对困难。聂丹（2012）基于 C-TEST 面试型口语测试任务样本，对体裁难度进行了评估，通过体裁难度感知调查和实测调查，确定了体裁类型的难度层级，即叙述和描述相对最容易，说明的难度居中，议论相对最难。

由此可见，不同体裁的独白语篇，也应该具有不同的难度等级。根据前人的研究，论述型独白以议论为主要表达方式，叙述型独白以叙述为主要表达方式，前者的难度高于后者。留学生进行论述型独白时，表达难度更大，语言组织层面的困难更多。他们受汉语语言能力不足的影响，思维的发展和表达的速度很难同步，所以在他们完成独白任务的过程中会出现更多的表达空白，需要频繁地使用弱连标记来填充空白，提高独白语篇的形式连贯性。

此外，由于论述体裁难度较大，而留学生不熟悉、不了解论述型独白的表达特点，这促使他们通过大量罗列实例的方式进行论述。然而，在表达过程中，他们会主动提醒自己，过多地罗列实例很容易将个人观点淹没其中，进而削弱独白的论述性体裁特征。为突出独白的论述性，彰显其与叙述型独白的区别，他们不断重复、反复强调个人观点。因此，留学生在讲述实例的过程中需要使用具有归结话语表达功能的弱连标记，引出总结性话语。论述型独白中弱连标记的归结话语表达功能得以凸显。

总而言之，论述型独白的体裁难度大于叙述型独白，留学生进行论述型独白时遇到的困难较多，而且为了突出论述的表达特点，需要频繁表明个人观点。在这种情况下，留学生侧重发挥弱连标记的填充话语空白和归结话语表达功能，以顺应论述体裁的表达需求，突出其与叙述型独白的差异。

三、 弱连标记内部成员的体裁倾向

留学生弱连标记内部各成员在叙述型独白和论述型独白中的使用情况有所不同，并且个别标记表现出明显的体裁使用倾向。这说明留学生使用弱连标记时，会对具有相似话语功能的各内部成员进行体裁分化，以顺应不同体裁的话语表达需求。

1. "所以"在论述型独白中的突出使用

"所以"是留学生使用较多的弱连标记。相对于叙述型独白，留学生在论述型独白中对"所以"有更加明显的使用偏好。我们对留学生叙述型独白和论述型独白中弱连标记"所以"的使用数量及频率进行了统计，具体结果见表5-5：

表 5-5 不同体裁中留学生"所以"的使用情况

独白体裁	人数	使用数量	使用频率均值	标准差
叙述型独白	38	74	3.9316	3.20035
论述型独白	42	137	5.1857	2.40057

从上表可以看出，从使用数量上看，弱连标记"所以"在论述型独白中的数量接近 140 个，在叙述型独白中仅为 70 余个，论述型独白比叙述型独白多出近一倍。

从使用频率上看，弱连标记"所以"在叙述型独白中的使用频率均值为3.9，在论述型独白中为5.2。独立样本 t 检验的结果显示，t 值为 1.995，p 值为0.050（双尾），两组数据均值在 0.05 水平上差异显著。这说明留学生论述型独白中弱连标记"所以"的使用频率显著高于叙述型独白。

由此可见，留学生为顺应论述体裁的表达需要，大量而频繁地使用弱连标记"所以"。

另外，我们将留学生不同体裁独白中弱连标记"所以"的使用数量及频率与汉语母语者进行了比较，具体结果见表 5-6：

表 5-6　不同体裁中留学生与汉语母语者"所以"的使用情况对比

独白体裁	说话人	使用数量	使用频率均值	标准差	t 值	p 值
叙述型独白	汉语母语者	53	2.8429	2.04843	−2.059	0.053
	留学生	74	3.9316	3.20035		
论述型独白	汉语母语者	59	3.0138	1.92274	−4.054	0.000
	留学生	137	5.1857	2.40057		

从上表可以看出，由叙述型独白转换为论述型独白，汉语母语者弱连标记"所以"的使用数量及频率略有提高，但变化很小。与之相比，留学生叙述型独白中弱连标记"所以"的使用数量略高于汉语母语者，但是使用频率并未显著提高（p=0.053）；留学生论述型独白中弱连标记"所以"的使用数量大幅高于汉语母语者，使用频率显著高于汉语母语者（p=0.000）。

以上数据说明，汉语母语者使用弱连标记"所以"并没有表现出体裁使用倾向，而留学生在论述型独白中对弱连标记"所以"的使用更加突出，使用数量及频率均显著高于汉语母语者。

留学生弱连标记"所以"的体裁使用倾向可能与他们对论述型独白的认知以及这类独白的话语表达需求有关。一般而言，叙述型独白是基于个人的记忆或者印象，把人物的经历、行为等详细表述出来，或者按照时间顺序把具体事件的发生、发展、变化和结果讲述出来；论述型独白是基于个人对客观现象的主观判断和评价，通过现实材料和逻辑推理阐明道理、辩论是非，从而把个人观点鲜明地表达出来。

留学生受汉语教学和教材中课文体裁的影响，对叙述体裁的认识更加深入，熟悉叙述体裁的表达特点和语言形式特征，所以他们在汉语输出过程中比较擅长描绘人物和记叙事件，能够完整地介绍人物经历，清晰地描述事件的起因、经过以及结果。相反，留学生对论述体裁的认识较为粗浅，缺少使用汉语进行思辨性表达的相关图式，抽象思维过程很难通过恰当的汉语语言形式表现出来。面对论述型独白时，留学生仍然采用以叙述为主的表达方式，通过描述具体事例，分别例证论述型话题的正反两个方面，而为了突出论述的特点，在独白过程中会反复归纳观点、表明态度。

留学生对论述体裁的认知导致论述型独白中频繁出现总结性语句，而总结性语句与具体事例的描述性话语之间顺利衔接，成为留学生论述型独白中突出的表达需求。因此，为了有效组织语篇，留学生在论述型独白中需要大量使用具有较强归结话语表达功能的弱连标记。"所以"是话语功能最全的标记之一，其话语功能覆盖情况如图 5-5 所示：

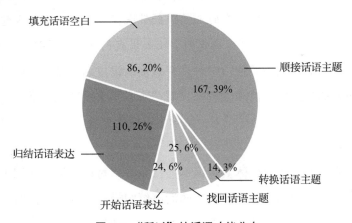

图 5-5 "所以"的话语功能分布

从话语功能的数量分布来看，表示归结话语表达的"所以"共计 110 个，占比约为 26%，归结话语表达是除顺接话语主题之外最重要的话语功能。另外，与其他标记相比，"所以"是归结话语表达功能依托的最主要的形式手段。"所以"的话语功能满足了留学生论述型独白的话语衔接需求，成为使用较多的弱连标记。比如：

［68］情景：说话人做关于选择什么工作的话题表达。

……当老师呢—呃—每一年的内容—呃没有—呢太多新的，所以这样的—嗯我觉得不太辛苦。那嗯——呢如果嗯—呢我负责的内容，我已经熟悉了，然后呢好好呃—好好改善，那么好好呃—完善呃—完善自己负责的内容，那对于学生来说—有帮助。<u>所以</u>这是我的希望。（H33）

［69］情景：说话人做关于女性社会地位的话题表达。

离婚的以后，呃离婚以后，我的父亲他不帮助我的妈妈，呃所以她一个人工作，一个人照顾我们，呃—我们是我和我的姐姐。呃—只—只有老老婆—她帮助我的妈妈，但是别的人没有。<u>所以</u>这是非常呃—常见的情况在俄罗斯。（E14）

此外，如前文所述，论述型独白的难度大于叙述型独白。留学生面对论述任务，一方面因为遇到的表达困难较多，所以需要频繁地使用弱连标记来顺接前后话语或者填充话语空白；另一方面因为心态更加紧张，难以找到合适的话语开启独白，所以需要使用话语标记来衔接大脑中的思维过程和现实中的有声表达，从而展开话语。比如：

［70］情景：说话人做关于网络利与弊的话题表达。

欸—<u>所以</u>关于网络，嗯，有的人觉得欸带来很多好处，有的人觉得带来很多坏处。好处的—欸我们都可以感觉到，比如说我们可以嗯网购……（E38）

因此，留学生在论述型独白中对具有顺接话语主题、填充话语空白和开始话语表达功能的弱连标记需求度较高，而"所以"话语功能丰富，能够满足上述表达需求。在经济原则的作用下，留学生习惯性地使用"所以"，其使用数量及频率随之提高。

综上所述，由于留学生体裁意识不强，尤其是对论述体裁认识不足，他们在进行论述型独白时倾向于沿袭叙述的话语组织模式。因此，面对难度较高的独白任务，为了体现论述的体裁特点，留学生对话语功能丰富的弱连标记"所以"表现出明显的使用偏好，其使用数量大幅增加，使用频率显著提高，并且高于汉语母语者。

2."但是"在论述型独白中的重要作用

"但是"是留学生较常用的弱连标记。我们考察发现，不同体裁独白中留学生弱连标记"但是"的使用情况有所不同。首先，我们统计了叙述型独白和论述型独白中弱连标记"但是"的使用数量及频率，具体结果见表5-7：

表 5-7 不同体裁中留学生"但是"的使用情况

独白体裁	人数	使用数量	使用频率均值	标准差
叙述型独白	38	40	2.1786	2.20493
论述型独白	42	76	2.9429	2.34720

从上表可以看出，从使用数量上看，弱连标记"但是"在论述型独白中使用了接近80个，在叙述型独白中仅有40个，论述型独白中的数量比叙述型独白中多出近一倍。

从使用频率上看，弱连标记"但是"在叙述型独白中的使用频率均值为2.2，在论述型独白中为2.9。独立样本t检验的结果显示，t值为1.496，p值为0.139（双尾），两组数据均值在0.05水平上不存在显著性差异。

这说明，不同体裁独白对弱连标记"但是"的使用没有明显影响。可见，留学生为顺应论述体裁的表达需要，会提高弱连标记"但是"的使用数量及频率，但幅度并不大。

另外，我们将留学生在不同体裁独白中弱连标记"但是"的使用数量及频率与汉语母语者进行了比较，具体结果见表5-8：

表 5-8 不同体裁中留学生与汉语母语者"但是"的使用情况对比

独白体裁	说话人	使用数量	使用频率均值	标准差	t 值	p 值
叙述型独白	汉语母语者	33	1.4173	1.57930	−1.690	0.095
	留学生	44	2.1789	2.20493		
论述型独白	汉语母语者	27	1.3724	1.56271	−3.150	0.002
	留学生	76	2.9429	2.34720		

从上表可以看出，由叙述型独白转换为论述型独白时，汉语母语者弱连标记"但是"的使用数量及频率略有降低，但变化很小，没有表现出体裁使用倾向。与之相比，留学生在叙述型独白中弱连标记"但是"的使用数量略高于汉语母语者，但是使用频率并未显著提高（p=0.095）；留学生在论述型独白中弱连标记"但是"的使用数量大幅高于汉语母语者，使用频率显著高于汉语母语者（p=0.002）。

以上数据说明，相对于汉语母语者而言，留学生对弱连标记"但是"表现出一定的体裁使用倾向，在论述型独白中弱连标记"但是"的使用情况更加突出，使用数量及频率均显著高于汉语母语者。

另外，从话语功能分布来看，在不同体裁的独白中，留学生弱连标记"但是"的话语功能侧重有所不同。我们统计了各类话语功能上弱连标记"但是"的数量分布情况，具体结果见图5-6：

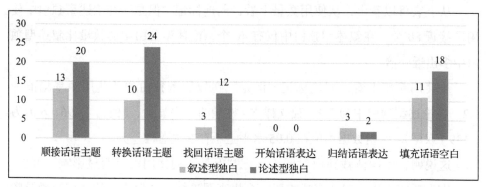

图5-6 "但是"的话语功能分布（单位：个）

从上图可以看出，与叙述型独白中的功能分布情况相比，论述型独白中转换话语主题功能上分布的"但是"数量增加得最多。对比不同功能上标记数量的变化可以发现，论述型独白中弱连标记"但是"所增加的使用数量中，近三分之一发挥了转换话语主题的功能。比如：

［71］情景：说话人做关于语言多样性还是统一化的话题表达。

……我可能觉得我们这个世界没有好的不好的，没有对的和不对的，只有我们人从不同的角度来看一个事情，所以这个事情可能对一个人好，对另外一个人是不好的，就这样，嗯。呃—所以呢，因为我可能个人比较嗯—如果这个心情啊，或者我的呃—想法比较冷静，平静应该说吧。<u>但是</u>我觉得语言发生，语言发生变化是一个很正常的现象是不是，就是我知道历史上啊，我们—中国的这种这种历史我不是很了解，但是在西方国家我啊—我还是知道一些东西，就是可能现在为什么呃—世界各国家都要学英文呀……（E34）

另外，从话语功能的排序情况来看，转换话语主题从叙述型独白中的第三位上升为论述型独白中的第一位。可见，留学生为顺应论述体裁的表达特点，侧重发挥了"但是"的转换话语主题功能。

留学生论述型独白中弱连标记"但是"的话语功能侧重可能跟留学生独白中话题具有较强多面性有关。论述型独白围绕某一话题展开，因为话题需要向说话人提供可选择、判断、评价及解释的空间，所以蕴含的观点具有多面性。不过，留学生不了解论述的体裁特征，也不清楚论述和叙述之间的差异，进行论述型独白时仍旧围绕话题所包含的不同观点，尽可能多地列举实例或者介绍个人经历，从而全面地说明自己对话题的理解。

因此，留学生会先对话题进行拆分，将话题分成若干个不同的小话题，再针对不同的小话题进行具体表达。在这种情况下，留学生思维更加活跃，独白的发散性更强，某一个小话题结束之后，需要迅速开启新的小话题，以延续话语表达。独白中话题转换的频率随之提高。比如：

［72］情景：说话人做关于网络利与弊的话题表达。

……现在有很多那个共享单车，你去那里旅游，或者你在北京，你急的，呃你赶时间，你倒地铁，但是你走路可能，肯定就比那个骑自行车慢嘛，你可以骑自行车，然后把那个它停在那个地铁门口都可以，都很方便。**然后**对留学生来说呢，这个网络发展有太多好处了，就你可以听新闻啊，除了听新闻，你听那些呃选文啊，或者节目之类的都很方便……（H06）

可见，为避免独白在语言形式及内容上的不连贯，具有转换话语主题功能的弱连标记更多地出现在留学生论述型独白中。

弱连标记内部成员中表示转换话语主题功能的标记以"然后""还有"和"但是"为主，而随着弱连标记"然后"和"还有"在论述型独白中使用数量及频率的降低，转换话语主题功能更加集中于"但是"这一个标记上。因此，留学生对弱连标记"但是"的使用倾向逐渐显现，论述型独白中"但是"的使用数量及频率有所提高，更重要的是话语功能明显侧重于转换话语主题。

四、　本章小结

本章重点讨论了留学生弱连标记的体裁顺应策略。

体裁不同，独白的语言形式特征和话语组织特点也有差异。留学生对体裁的认知不同于汉语母语者，尤其对论述体裁的表达特点不够了解。因此，留学生论述型独白仍然以叙述为主要的表达方式，议论、说明以及分析性表达有所欠缺。

在这种情况下，留学生通过弱连标记的差别化使用，顺应论述型独白的表达需求，凸显了论述型独白与叙述型独白的话语差异。这种体裁顺应策略与汉语母语者不同，主要表现为以下几点：

（1）在使用数量方面，从叙述型独白到论述型独白，留学生弱连标记的使用数量及频率均呈上升之势。与汉语母语者相比，留学生弱连标记的使用数量大幅增加，使用频率显著提高。

（2）在功能分布方面，从叙述型独白到论述型独白，留学生弱连标记的顺接话语主题、填充话语空白以及归结话语表达功能有所加强。与汉语母语者相比，留学生弱连标记的填充话语空白和归结话语表达功能更加突出。

（3）留学生弱连标记"所以"表现出明显的体裁倾向，在论述型独白中的使用数量及频率显著高于叙述型独白。在叙述型独白中，留学生弱连标记"所以"的使用情况与汉语母语者相似；而在论述型独白中，留学生弱连标记"所以"的使用数量及频率均显著高于汉语母语者。另外，留学生弱连标记"所以"的归结话语表达功能更加突出。

（4）留学生弱连标记"但是"表现出一定的体裁倾向，在论述型独白中的使用数量及频率均高于叙述型独白。在叙述型独白中，留学生弱连标记"但是"的使用情况与汉语母语者差异不大；而在论述型独白中，留学生弱连标记"但是"的使用数量及频率均显著高于汉语母语者。另外，留学生弱连标记"但是"的转换话语主题功能更加突出。

总而言之，独白体裁不同，话语表达存在差异。相较于叙述体裁，论述体裁难度大，留学生会通过增加弱连标记的使用数量、提高弱连标记的使用频率、偏重弱连标记的填充话语空白和归结话语表达功能、更多地使用"所以"和"但是"等标记，来提升表达的连贯性和流畅度，突出论述型独白的话语特点。

第六章

留学生弱连标记的社会文化策略

社会文化身份的形成以内在的自我为原点，进而扩展到人在整体社会关系中的位置和角色（张劲松，2015）。本研究中，留学生社会文化身份的划分主要包括性别和职业两个角度。性别源于身体属性，分为男性和女性；职业源于社会属性，分为学生和职员。尽管留学生现在都是在校学习汉语的学生，但是他们之前的职业经历并不相同，有的一直求学，有的曾经工作过，甚至学习汉语期间仍然半工半读。语言和身份相互影响，语言不仅象征、标识社会文化身份，而且是建构现实、形成社会文化身份的重要工具（张劲松，2015）。因此，我们认为，留学生在汉语独白过程中通过弱连标记的差异化使用，在增强话语表达效果的同时彰显社会文化身份特征的方法，即为弱连标记的社会文化策略。

一、 留学生弱连标记的性别策略

本研究中，留学生说话人共计 80 人，包括男性 32 人，女性 48 人。男性和女性留学生对弱连标记的使用情况并不相同。这说明，男性和女性留学生会通过对弱连标记使用数量、使用频率以及话语功能的差异化调整，突出不同性别的话语表达特征，实施弱连标记的社会文化策略。

1. 弱连标记使用数量及频率的性别差异

我们发现，男性和女性留学生使用弱连标记时，表现出性别差异。首先，使用数量上的性别差异如图 6-1 所示：

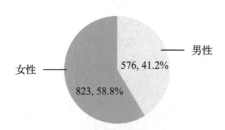

图 6-1　弱连标记使用数量性别对比

从上图可以看出，女性留学生弱连标记使用数量超过 800 个，占留学生所用标记总数的近六成，男性留学生的使用数量不足 600 个，约占总数的四成。简单对比使用数量，女性比男性多用近 250 个。使用数量代表实际频率，这说明从实际使用频率上看，女性留学生更多地使用弱连标记来衔接话语、组织语篇，以此加强独白的连贯性。

弱连标记千字频代表标准频率。我们分别统计男性和女性留学生弱连标记的千字频后，对数据进行了统计学意义上的差异分析，具体结果见表 6-1：

表 6-1 弱连标记使用频率的性别对比

说话人	人数	使用频率均值	标准差
男性留学生	32	13.4844	4.24044
女性留学生	48	13.6854	4.61943

从上表可以看出，男性留学生弱连标记的使用频率均值为 13.5，女性留学生弱连标记的使用频率均值为 13.7。独立样本 t 检验的结果显示，t 值为 −0.197，p 值为 0.844（双尾），两组数据均值在 0.05 水平上并不存在显著性差异。这说明，尽管女性留学生的使用频率略高于男性留学生，但是二者之间的差别并不显著。

另外，我们分别统计了男性和女性留学生使用弱连标记内部各成员的数量及频率，并对千字频进行了独立样本 t 检验，具体统计结果如表 6-2 所示：

表 6-2 单独标记使用数量及频率的性别对比

弱连标记	使用数量		使用频率		标准差		t 值	p 值（双尾）
	男	女	男	女	男	女		
所以	177	249	4.1687	4.2375	2.48407	1.99463	−0.137	0.892
然后	207	305	4.7750	4.8833	3.81626	4.66756	−0.109	0.913
但是	88	152	2.0531	2.5604	1.34308	1.65552	−1.444	0.153
还有	51	70	1.2875	1.1813	1.16529	1.53272	0.333	0.740
那（么）	45	38	1.0406	0.6354	2.00851	1.01761	1.190	0.238
而且	8	9	0.1813	0.1792	0.46312	0.49377	0.019	0.985

从上表可以看出，从使用数量上看，女性留学生使用标记"所以""然后""但是""还有"的数量均明显多于男性留学生；从使用频率上看，女性留学生使用标记"所以""然后"和"但是"的频率均略高于男性留学生。不过，独立样本 t 检验的结果显示，弱连标记内部各成员的使用频率均不存在显著的性别差异。

以上数据说明，男性和女性留学生对弱连标记的实际使用数量存在差异，无论是总体使用数量还是"所以""然后"和"但是"的使用数量，女性均大幅多于男性。不过，男性和女性留学生弱连标记使用频率差别不大。总体上看，女性略高于男性，而且内部成员中也没有任何一个单独标记表现出明显的性别使用倾向。这种只有明显数量差，而没有显著频率差的性别使用特征可能与男女独白的话语量不同有关。话语量指的是说话人在独白中的话语数量。一般而言，女性比男性更加擅长话语表达，所以从话语量上看，女性话语量更大。我们以录音转写后的汉字数量为计算单位，统计出男性和女性留学生的话语量，具体结果见表 6-3：

表 6-3　男女留学生话语量　　　　　（单位：字）

说话人	总话语量	平均话语量	单人最多话语量	单人最少话语量
男性留学生	41171	1287	2309	742
女性留学生	65648	1368	2769	821

从上表可以看出，女性留学生的总话语量比男性留学生多出近 25000 字。另外，人均话语量、单人最多话语量和单人最少话语量方面，女性留学生也都多于男性留学生。在话语量扩大的情况下，为保证独白的连贯性，女性留学生需要使用更多的弱连标记，所以标记的实际使用数量随之大幅增加。然而，弱连标记的标准使用频率（千字频）相对稳定，话语量大并不会导致频率显著提高，反而有可能起到稀释作用，造成千字频略有下降。

由此可见，女性留学生在保持使用频率不变的情况下，通过大幅增加弱连标记的使用数量来强化其话语衔接的辅助作用，延长独白篇幅，从而在话语量方面远超过男性留学生，进一步凸显女性擅长表达、话语丰富的身份特征。

2. 弱连标记话语功能的性别倾向

分别统计男性和女性留学生弱连标记的功能分布情况后，我们发现，性别不同，弱连标记的话语功能分布存在差异，具体结果见图 6-2：

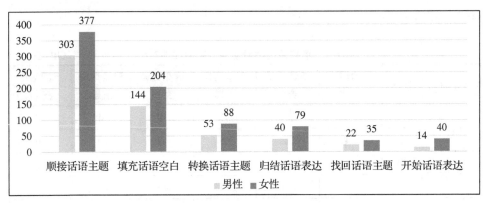

图 6-2　弱连标记功能分布性别对比（单位：个）

从上图可以看出，女性留学生六类功能的标记数量均多于男性留学生，这说明弱连标记在女性留学生的独白中发挥了更强、更丰富的话语功能。具体来看，与男性留学生相比，女性留学生独白中弱连标记的开始话语表达和归结话语表达功能更加突出。比如：

［73］情景：说话人复述成语故事《守株待兔》。

所以我开始介绍这个故事。在中国古代的时候，有一个农民。他——每天从早上到晚上一直很努力干，干活儿……（H15）

［74］情景：说话人复述寓言故事《小马过河》。

……不仅是因为他成功地呃——过河吧，做这呃——这个任务，还——还是因为他学会了一个很重要的道理，就是自己呃—不管是呃—做什么事，都要自己亲自试一下。呃—**所以**就是这样子。（H15）

开始话语表达和归结话语表达功能较为突出，不仅表现为标记数量存在较大的性别差异，还表现为这两类功能在话语功能排序上存在性别差异。其中，开始话语表达在女性留学生话语功能排序中列第五位，在男性留学生话语功能排序中列最后一位，且二者数量分布差距明显；归结话语表达虽然在男女留学生功能排序中情况相同，但是女性留学生的标记分布数量几乎是男性留学生的两倍。由此可见，与男性留学生相比，女性留学生通过强化弱连标记的开始话语表达和归结话语表达功能，主动交代独白的信息交流进程，彰显女性注重形式连贯、为听话人考虑的身份特征。

另外，我们分别统计了男性和女性留学生弱连标记内部各成员的功能分布情况，具体结果见表6-4：

表6-4 单独标记话语功能分布的性别对比 (单位：个)

弱连标记	性别	开始话语表达	归结话语表达	顺接话语主题	填充话语空白	转换话语主题	找回话语主题
所以	男	0	38	87	39	4	9
	女	24	72	80	47	10	16
然后	男	0	1	149	41	14	2
	女	2	0	213	63	23	4
但是	男	0	1	33	31	13	10
	女	0	4	52	54	32	10
还有	男	0	0	14	20	16	1
	女	2	0	20	28	18	2
那（么）	男	14	0	18	5	0	8
	女	12	3	7	4	2	10
而且	男	0	0	2	5	1	0
	女	0	0	5	2	1	1

从上表可以看出，弱连标记"所以""但是"和"那（么）"的话语功能分布存在较为明显的性别差异。首先，与男性留学生相比，女性留学生弱连标记"所以"的开始话语表达和归结话语表达功能更加突出。其次，女性留学生更加侧重弱连标记"但是"的转换话语主题功能。最后，男性留学生弱连标记"那（么）"以顺接话语主题和开始话语表达为主要功能，而女性留学生弱连标记"那（么）"则以开始话语表达和找回话语主题为主要功能。

除此以外，在相同话语功能的标记形式选择方面，男性和女性留学生也存在差异。其中，女性更多地选择使用标记"所以"来开启话语表达，而男性留学生仅使用标记"那（么）"作为话语开端。比如：

［75］情景：说话人复述寓言故事《小马过河》。

呃，**所以**我开始第二个问题，这个有意思吧。嗯，我觉得每个国家——就是——就是很有意思的文化特点，就是他们对什么什么有这个奇怪的，呃——自己的感觉……（E23）

［76］情景：说话人复述成语故事《邯郸学步》。

*那—*我刚才看的那篇文章是—呃—是呃—关于古代中国的时候有一个，呃—有燕国，就是战国之一燕国。然后，燕国的一个年轻人……（E21）

男性和女性均主要使用标记"所以"来归结话语表达，不过，女性的标记数量分布大幅高于男性。另外，我们对归结话语表达内部标记话语结束、标记话语总结和标记言者态度三个次级功能进行了数据统计，具体结果见图6-3：

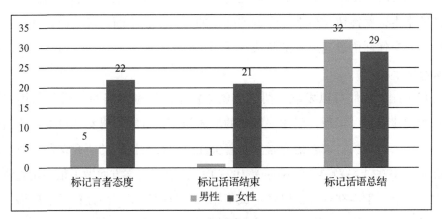

图6-3　男女归结话语表达内部次级功能对比（单位：个）

从上图可以看出，归结话语表达内部的次级功能中，男性留学生使用标记"所以"主要发挥其标记话语总结功能，女性留学生使用标记"所以"的功能相对均衡。与男性留学生相比，女性留学生的标记言者态度和标记话语结束功能更加突出。比如：

［77］情景：说话人做关于女性地位的话题表达。

首先这个男女平等，从这个字面上，我有一些不满。为什么是男女平等，而不是女男平等呢？**所以**我主张可以说是两性平等，对。（H05）

［78］情景：说话人进行自由表达。

……我也很想我的家乡，在家乡我有我的家庭。呃—我家庭的人呃—不太多，呃—只有妈妈、我和我的小狗。啊—爸爸呃死了。**所以**这是我的故事。（E07）

由此可见，男性和女性留学生通过侧重标记"所以"的不同类型话语功能，彰显女性偏好表明交际所处阶段和个人态度、男性偏好总结话语主旨的表达特征，从而构建不同性别身份的话语策略。

3. 话语风格与弱连标记性别策略构建

性别身份会影响弱连标记使用。女性留学生的话语量更大，弱连标记使用数量明显多于男性留学生，而使用频率基本一致；女性留学生强调独白的形式连贯性，弱连标记的开始和归结话语表达功能比男性留学生突出。

与此同时，留学生通过弱连标记的差异化使用来塑造其性别身份。相较于男性留学生，女性留学生在更多弱连标记的支持下，不断延续独白，并且注意向听话人交代话语表达所处的阶段，从而突出了其擅长表达、话语丰富而流畅的女性形象。

基于此，我们可以发现，留学生弱连标记的性别策略在身份与使用特征的互相构建中得以实现，而这一策略的形成与实施可能与男女在口语表达时的话语风格密切相关。许多语言学家都曾关注过语言与性别的研究课题，如坦嫩（Tannen）（1992）、寇特斯（Coates）（1993）等，他们在这方面做了很多调查研究与理论分析，学界在这方面已经形成了相对一致的认识：两性在话语风格上存在差异，而这种差异会影响语言的实际运用。

首先，根据布朗（Brown）和列文森（Levinson）（1987）的说法，人类在交往的过程中，情感方面有两种基本的需求：不受他人支配的消极面子需求（negative face wants）、受人欢迎和尊敬的积极面子需求（positive face wants）。与男性相比，女性的心理感受一般比较温柔细腻，对事物的关注也比较周密细致，她们在言语交际中更加关注谈话者的情绪反应，会积极地采取言语或者非言语行动来维护受到损害一方的消极面子，表现出强烈的同情心，并努力提供帮助。另外，女性对礼貌的要求比较高，这一点反映在言语表达上，女性的言语比男性的更符合礼貌准则的要求，她们以此尽力维护谈话者的消极面子和积极面子。在留学生独白具有较强拟对话性的情况下，女性留学生在独白过程中更倾向于主动交代话语表达的开始和结束，以明确信息交流所处的阶段，减少听话人的理解压力，表示出对听话人的尊重。此外，与男性相比，女性的发散性思维更为突出，话语表达过程中出现新的概念或者话题时，容易向细节延伸，做出详述，并完善有可能引起误解的话语，注意话语表达的准确性和得体性；她们还会对谈过的话题再次解释说明，甚至主动修正说过的话语，使表达更加符合规范，更加严谨。在上述话语表达需求的驱动下，女性留学生更加侧重发挥弱连标记"所以"的开始话语表达和结束话语表达以及标记言者态度功能、"但是"的转换话语主题功能、"那（么）"的找回话语主题功能。

其次，一般来讲，女性言语的感情色彩重于男性，她们心理感知的范围也大于男性，所以她们的话语中常常出现联想、对语境内容的反应、夸张的感叹等情绪信息，言语交际时也会经常表达喜悦、惊讶、悲伤、惋惜等情感。与男性留学生相比，女性留学生在独白中更频繁地将自身的情感与情绪表达出来。从主观性的角度看，沈家煊（2001）指出："在话语中多多少少总是含有说话人'自我'的表现成分，也就是说，说话人在说出一段话的同时表明自己对这段话的立场、态度和感情，从而在话语中留下自我的印记。"女性独白具有较强的主观性，话语中经常鲜明地表明个人态度。在这种情况下，女性需要使用更多的弱连标记来衔接前述话语与个人态度，为满足这一表达需求，女性留学生弱连标记的标记言者态度功能明显强于男性留学生。

最后，男女话语在关联性方面存在一定差异。总体上来讲，男性在表达过程中不仅思路单一，而且言语明确，不含蓄，能够获得较好的关联效果；女性在表达过程中则很关注自己头脑中随时可能出现的联想内容，她们的话语里往往有几条线索同时在发展，因此话语的关联性常被其他内容破坏。简言之，男性话语的关联性强于女性话语。因此，在独白过程中，话语表达逻辑性较强的男性留学生对弱连标记的使用需求较低，而且他们倾向于在表述的过程中不断开启话题的新视角，以新的话语序列延续独白，提升话语的整体性和连贯性，所以弱连标记更加集中地发挥顺接话语主题功能，尤其是标记"那（么）"的这一个功能比女性留学生更加突出。相反，女性话语表达发散性强，除了以新话语序列顺接主题以外，还会通过不同话题的转换增加话语内容，延续独白篇幅，也会找回前述话语主题，继续说明新的想法，所以弱连标记的转换话语主题和找回话语主题功能强于男性，这点以标记"但是"的转换话语主题和"那（么）"的找回话语主题功能更加突出为主要表现。

综上所述，男女话语风格差异影响留学生弱连标记的使用，而留学生也通过弱连标记的差异化使用来彰显不同性别的话语风格，进而塑造说话人的性别身份。留学生弱连标记的性别策略在与性别身份认知、话语风格和标记使用的动态互构中逐渐形成，相较于使用数量及频率的变化，留学生更倾向于通过话语功能差别来实施弱连标记的性别策略。

二、 留学生弱连标记的职业策略

本研究中，留学生说话人共计 80 人，其职业背景不尽相同。其中，有的留学生来华前即为大学生，年龄在 18 到 25 岁之间，为提高汉语水平、增加就业机会，来华进修汉语；另一部分留学生来华前已经就业，大多数从事对华贸易、机场地勤、导游导购服务、中国学以及国际关系研究等方面的工作，年龄在 23 到 38 岁之间，为来华工作或者加强与中国人交流等，来华继续学习汉语。按照留学生的职业背景，我们将其分为学生和职员两大类。经统计，职业为学生的共计 41 人，职业为职员的共计 39 人。不同职业背景留学生在独白过程中会通过使用数量、使用频率以及话语功能的差异化调整，实施弱连标记的职业策略，彰显不同职业身份的口语表达特征。

1. 弱连标记使用数量及频率的职业差异

统计发现，职业背景不同，留学生弱连标记的使用数量存在差异，具体结果如图 6-4 所示：

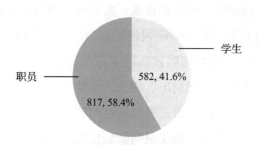

图 6-4 弱连标记使用数量的职业对比

从上图可以看出，职业背景为职员的留学生使用弱连标记的数量超过 800 个，占这类标记总数的近六成；职业背景为学生的留学生使用数量不足 600 个，约占标记总数的四成。简单对比使用数量，职员背景留学生比学生背景留学生多用 235 个。分别统计这两部分留学生弱连标记的千字频后，我们对数据进行了统计学意义上的差异分析，具体结果见表 6-5：

表 6-5 弱连标记使用频率的职业对比

职业背景	人数	均值	标准差
学生背景	41	11.8244	3.92981
职员背景	39	15.4769	4.22009

从上表可以看出，学生背景留学生弱连标记的使用频率均值为 11.8，职员背景留学生弱连标记的使用频率均值为 15.5。独立样本 t 检验的结果显示，t 值为 −4.008，p 值为 0.000（双尾），两组数据均值在 0.05 水平上差异显著。这说明，职员背景留学生弱连标记使用频率显著高于学生背景留学生，他们更频繁地使用弱连标记组织独白语篇。

以上数据说明，受职业身份的影响，学生背景和职员背景留学生弱连标记使用数量及频率存在明显差异。与学生背景留学生相比，职员背景留学生通过大幅提高弱连标记使用数量及频率，突出了其社交接触广泛、话语表达习惯更加接近汉语母语者的身份特征。

2. 弱连标记话语功能的职业侧重

分别统计不同职业背景留学生弱连标记的功能分布情况后，我们发现弱连标记的话语功能存在一定的职业差异，具体结果见图 6-5：

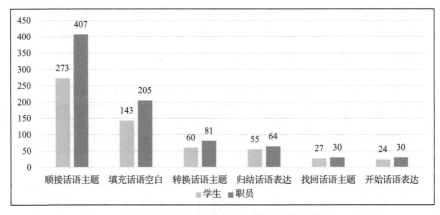

图 6-5 弱连标记话语功能分布的职业对比（单位：个）

从上图可以看出，总体而言，不同职业背景留学生弱连标记的功能分布情况基本一致。相较于学生背景留学生，职员背景留学生各类功能均有所增强。

其中，顺接话语主题功能强化明显。比如：

[79] 情景：说话人进行自由表达。

……学习汉语的原因是，汉，啊，我很喜欢唱歌，所以，汉语的发音很像唱歌一样，所以我——呃—对汉语——感—哦，对汉语感—感兴趣，所以学习，继续学习汉语。**还有**我—在韩国没有机会练习—口语—，口语，所以—来—来中国留学……（H20）

[80] 情景：说话人做关于代际关系的话题表达。

……呃—我和我父母和我妈妈的关系一直很密切。**然后**我不会—因为要当男子汉什么的而会假装我要跟她远离一点儿，不会。所以现在一般就是—每个星期，虽然我不在家里，就是常常跟她打电话……（E16）

数量统计显示，职员背景留学生使用的这类功能的标记数量比学生背景留学生多出 130 余个，这一数字已经超过这两类留学生弱连标记使用数量差异的一半。这说明，职员背景留学生更多地使用弱连标记来顺承主题内容、衔接前后话语，更加注重长篇独白的连贯性和流畅度。

3. 弱连标记内部成员的职业倾向

在弱连标记总体呈现使用数量、频率及功能分布差异的情况下，我们分别统计了不同职业背景留学生弱连标记内部 6 个单独标记的使用数量及频率，并对千字频进行了独立样本 t 检验。统计发现，弱连标记内部个别成员表现出一定的职业倾向。具体统计结果如表 6-6 所示：

表 6-6　弱连标记内部成员使用数量及频率的职业对比

弱连标记	使用数量		使用频率		标准差		t 值	p 值（双尾）
	学生	职员	学生	职员	学生	职员		
所以	186	240	3.9659	4.4667	1.77885	2.54841	−1.203	0.309
然后	179	333	3.3805	6.3744	3.19337	4.83571	−3.283	0.002
但是	120	120	2.4439	2.2667	1.64925	1.45319	0.509	0.612
还有	57	64	1.1902	1.2590	1.49596	1.28876	−0.220	0.827
那（么）	35	48	0.7488	0.8487	1.32290	1.67550	−0.297	0.767
而且	5	12	0.1073	0.2564	0.35028	0.57938	−1.401	0.165

从上表可以看出：从使用数量上看，除标记"但是"以外，职员背景留学生其余标记的使用数量均多于学生背景留学生；从使用频率上看，除标记"但是"以外，职员背景留学生其余标记的使用频率均高于学生背景留学生。

不过，独立样本 t 检验的结果显示，职业背景仅显著影响标记"然后"的使用频率。学生背景留学生标记"然后"的使用频率均值为 3.4，职员背景留学生的使用频率均值为 6.4，t 值为 −3.283，p 值为 0.002（双尾），两组数据均值在 0.05 水平上差异显著。这说明，尽管职员背景留学生多个单独标记的使用数量及频率超过学生背景留学生，但是他们只对标记"然后"表现出明显的使用偏好。

除此以外，我们也分别统计了学生背景和职员背景留学生弱连标记内部各成员的功能分布情况，具体结果见表 6-7：

表 6-7　弱连标记内部成员功能分布的职业对比　　　　　　（单位：个）

弱连标记	职业背景	开始话语表达	归结话语表达	顺接话语主题	填充话语空白	转换话语主题	找回话语主题
所以	学生	8	48	66	41	9	14
	职员	16	62	101	45	5	11
然后	学生	1	1	131	31	13	2
	职员	1	0	231	73	24	4
但是	学生	0	5	44	43	21	7
	职员	0	0	41	42	24	13
还有	学生	1	0	17	24	13	2
	职员	1	0	12	24	21	1
那（么）	学生	14	1	11	4	3	2
	职员	12	2	14	14	6	0
而且	学生	0	0	4	0	1	0
	职员	0	0	3	7	1	1

从上表可以看出，留学生职业背景不同，标记"所以"和"然后"的功能分布表现出比较明显的差异，而且这两个标记的功能差异主要表现在顺接话语主题上。

具体来看，在顺接话语主题功能上，职员背景留学生标记"所以"的分布数量超过 100 个，标记"然后"的分布数量接近 250 个，均大幅多于学生背景留学生。其中，标记"然后"的数量分布差距尤其大，职员背景留学生比学生背景留学生多用了 154 个，而其中 100 个具有顺接话语主题功能，占比接近三分之二。

以上数据说明，职业背景不同，留学生对弱连标记具体形式的选用也有所不同，弱连标记的功能侧重也存在差异。相对于学生背景留学生，职员背景留学生对标记"然后"有较为明显的使用倾向，他们更频繁地使用这一标记形式来顺接话语主题，以延续独白。

4. 语言资本意识与弱连标记职业策略构建

如前文所述，职业身份是影响弱连标记使用的重要因素，而弱连标记的差异化使用也是塑造职业身份的重要方式，二者在动态中互相构建。留学生的职业身份相对简单，学生背景和职员背景留学生主要通过弱连标记使用数量及频率差异、话语功能侧重以及对个别成员的使用倾向等来实施弱连标记的职业策略，凸显不同职业身份的话语表达特征。这一策略的形成可能与不同职业背景留学生对语言属于符号资本的认识存在差别有关系。

在社会学研究中，布迪厄在其社会实践理论中提出符号资本概念，符号资本也称为象征资本，是用以表示礼仪活动、声誉或者威信资本的积累策略等象征性现象的重要概念。孙大平（2011）指出符号资本是无形的、非物质化的，表现为文字、语言、衣着、身体行为等受他人承认、顺从、服从的积累。由此可见，语言属于一种符号资本。

本研究中，职业背景不同的留学生的语言符号资本意识有明显的差异。一般而言，学生背景留学生使用汉语的主要场域为校园，而对职员背景留学生来说，工作环境是其使用汉语的重要场域。与学生在学校内受到老师的表扬相比，在工作场域中，地道的汉语不仅会受到领导、同事、客户以及合作伙伴的夸赞，甚至会创造升迁、加薪、赢利等机会，汉语能够为职员背景留学生带来实实在在的经济和社会效益。

在这种情况下，职员背景留学生更加清楚语言的符号资本属性，会特别留意和学习汉语母语者的遣词造句风格和话语表达习惯，在他们的意识中，效仿汉语母语者所用的语言形式具有潜在价值。

在本研究收集的汉语母语者独白语料中，连词的话语标记化比例超过65%，这说明弱连标记是口语中高频使用的多功能标记。职员背景留学生在语言符号资本意识的驱动下，在与汉语母语者交际过程中，更加积极、主动地习得这类话语标记，希望通过使用弱连标记来提高与汉语母语者话语表达的相似度。

我们分别将学生背景和职员背景留学生的弱连标记使用数量及频率与汉语母语者进行了比较，具体结果见表6-8：

表 6-8　留学生与汉语母语者弱连标记使用情况对比

说话人	人数	使用数量	使用频率均值	标准差
学生背景留学生	41	582	11.8244	3.92981
职员背景留学生	39	817	15.4769	4.22009
汉语母语者	64	1563	16.4125	4.63854

从上表可以看出，学生背景留学生弱连标记的使用频率均值为11.8，汉语母语者弱连标记的使用频率均值为16.4。独立样本t检验的结果显示，t值为-5.240，p值为0.000（双尾），两组数据均值在0.05水平上差异显著。职员背景留学生弱连标记的使用频率均值为15.5，汉语母语者弱连标记的使用频率均值为16.4。独立样本t检验的结果显示，t值为-1.027，p值为0.307（双尾），两组数据均值在0.05水平上不存在显著差异。

由此可见，职员背景留学生弱连标记使用频率与汉语母语者十分接近，他们效仿汉语母语者，更加频繁地使用弱连标记衔接话语，而学生背景留学生弱连标记使用频率与汉语母语者存在较大差距。

此外，在弱连标记内部成员的使用倾向方面，职员背景留学生偏好使用标记"然后"，这一点与汉语母语者的选择相一致。根据本研究语料，汉语母语者弱连标记"然后"不仅使用数量最多，而且使用频率接近10，显著高于其他标记。

综上所述，职员背景留学生具有较强的语言符号资本意识，他们认为口语表达中使用更多的弱连标记能够提升与汉语母语者话语表达的相似度，可以因此而获得中国同事的认可，创造经济效益。为进一步提高与汉语母语者的交际频度，职员背景留学生在工作中努力构建更加稳定的社会关系网络，不断扩大汉语交际范围。根据我们对留学生的访谈可知，学生背景留学生在其本国学习汉语时，交际范围仅限于课堂的师生对话和课下与华人朋友的交谈，交际对象有限；来华后，这部分留学生的交际范围略有扩大，中国朋友和兼职时的中国同事增加，不过，总体上交际对象仍然以老师和朋友为主。相比之下，职员背景留学生来华前已经就业，而且大多从事与中国有关的工作，交际对象包括中国游客、客户、合作者以及购物者等，范围较广，而且使用汉语的机会较多；来华后，这部分留学生大多半工半读，课余时间，有的在中国分公司上班，有的负责开拓中国潜在市场，中国同事和朋友数量增加，交际范围进一步扩大。

在这种情况下，职业背景不同，对于普遍存在于自然口语中的弱连标记的习得效果也有所不同，这直接影响留学生对这类标记的实际运用。因此，受语言符号资本意识的影响，留学生弱连标记的职业策略存在差异。职员背景留学生通过提高使用数量及频率，选择使用汉语母语者偏好的单独标记，侧重与汉语母语者趋同的功能类型，在增强话语表达效果的同时，彰显其社交范围广泛、自然口语接触频繁的身份特征。

三、 本章小结

语言是社会文化身份的显著标志，语言不仅仅是主体用来表征和交流的一种媒介，更是用来建构现实、形成身份的重要工具（张劲松，2015）。弱连标记是一种广泛存在于自然口语中的话语衔接形式。留学生使用弱连标记组织话语，增强表达效果，同时也通过弱连标记的差异化使用来实施社会文化策略，彰显性别和职业身份特征。这一策略主要表现在弱连标记的使用数量、使用频率、话语功能差异以及单独标记的使用偏好等方面。本章有以下发现：

（1）性别策略

在使用数量及频率方面，女性留学生高于男性留学生，但是不存在显著差异；在话语功能方面，相较于男性留学生，女性留学生更侧重发挥这类标记的开始话语表达和归结话语表达功能，这一点主要体现在标记"所以"的使用上。留学生实施弱连标记性别策略，凸显了女性擅长表达、话语丰富流畅、注重形式连贯、为听话人考虑以及突出个人感受与态度的性别身份特征。

（2）职业策略

在使用数量及频率方面，职员背景留学生显著高于学生背景留学生，而且偏好使用标记"然后"；在话语功能方面，与学生背景留学生相比，职员背景留学生更加侧重发挥标记的顺接话语主题功能。留学生实施弱连标记职业策略，反映了职员背景留学生交际范围广、习得水平高、语言资本意识强的职业身份特征。

第七章

影响留学生弱连标记策略的因素分析

Verschueren（2000）曾指出，人们使用语言的过程是一个不断做出选择的过程，交际主体根据语境和交际目的的需要来选择语言表现形式，以有效地实现自己的交际目标。留学生弱连标记的使用，同样是一个依据表达需要选择标记形式、突出话语功能的过程。不过，作为第二语言学习者，受各种因素的影响，留学生弱连标记策略既有与汉语母语者相似之处，又有不同之处。

基于留学生问卷调查和单独访谈结果，我们发现，影响留学生弱连标记策略形成的因素主要包括自然口语接触密度、语用迁移以及汉语水平。本章将从这三个方面进行因素分析，具体讨论留学生弱连标记策略形成的原因。

一、 自然口语接触密度与弱连标记策略

1. 弱连标记的主要习得途径

弱连标记广泛存在于自然口语之中，而且功能十分丰富。"像话语标记这样的语言成分，对环境具有很高的敏感度"（刘滨梅，2015），所以"能够像母语一般地使用这些语言成分很大程度上取决于与目标语言的接触程度，或者与讲母语的人的交流程度，或者融入当地群体的程度"（Sankoff ed al.，1997）。由此可见，留学生习得弱连标记的主要途径是与汉语母语者密切交往，在自然交谈中学会并掌握这类标记的用法及功能。

基于留学生与自然汉语口语的接触密度调查和单独访谈结果，我们发现，与自然汉语口语接触密度较大的留学生，其接触的汉语母语者范围很广。除汉语教师以外，他们在课外生活和工作中结交了很多中国朋友，而且利用一切机会与之见面交流。在这种情况下，这部分留学生很容易感知、理解并习得大量存在于汉语母语者自然口语中的弱连标记。另外，在访谈中，这部分留学生介绍，他们会主动地挖掘并利用所处汉语环境中的各类学习资源，其中包括观看影视剧。演员之间的对白源于生活，同样存在大量的弱连标记，在看剧过程中，他们进一步强化了对这类话语标记的认知，从而提升了习得效果。

相反，与自然汉语口语接触密度较小的留学生，其日常接触的汉语母语者局限于校园内的教职员工和中国学生，汉语交际以课堂内的师生互动为主。课

堂是一个相对正式的场合，教师的课堂教学语言是经过认真准备的口语表达，具有较强的书面语色彩，弱连标记的使用数量及频率并不很高。另外，在访谈中，留学生指出教师很少主动教授连词语义弱化以后的话语标记用法，而且汉语教材中也很少涉及这类话语标记的注释和练习。在这种情况下，这部分留学生很难大量接触、感知和理解弱连标记，对这类话语标记的掌握速度慢，习得效果一般。

综上所述，与自然汉语口语接触密度较大的留学生更容易在日常交往和深入交流中自然习得普遍存在于自然口语中的弱连标记。因此，自然口语接触差异不仅会影响留学生弱连标记的习得效率，而且会影响其独白中弱连标记策略与汉语母语者的近似程度。

2. 自然口语接触密度影响弱连标记的差异化调整

我们考察语料后发现，自然口语接触密度对留学生弱连标记策略的影响主要表现在使用数量、频率及功能分布等方面的差异化调整上。

（1）使用数量及频率方面

分别计算与自然口语接触密度较大及较小两组留学生的弱连标记千字频后，我们对两组数据进行了独立样本 t 检验，以确定自然口语接触密度是否显著影响使用频率，具体统计结果见表 7-1：

表 7-1　不同接触密度下弱连标记的使用数量及频率

说话人	人数	使用数量	频率均值	标准差	t 值	p 值（双尾）
接触密度较大组	35	817	16.3229	3.89737	5.757	0.000
接触密度较小组	45	582	11.4911	3.64653		

从上表可以看出，与自然口语接触密度较大组留学生弱连标记使用数量及频率均高于接触密度较小组留学生。独立样本 t 检验的结果显示，与自然口语接触密度较大组留学生弱连标记使用频率均值显著高于接触密度较小组留学生（p<0.05）。这说明，与自然口语接触密度显著影响留学生弱连标记使用情况，接触密度较大的留学生更多、更频繁地使用弱连标记衔接话语。

在此基础上，我们分别将上述两组留学生的弱连标记千字频与汉语母语者进行了比较，具体统计结果见表 7-2 和表 7-3：

表 7-2　接触密度较大组留学生与汉语母语者弱连标记使用差异

说话人	人数	使用数量	频率均值	标准差	t 值	p 值（双尾）
汉语母语者	64	1563	16.4125	4.63854	0.092	0.923
接触密度较大组	35	817	16.3229	3.89737		

表 7-3　接触密度较小组留学生与汉语母语者弱连标记使用差异

说话人	人数	使用数量	频率均值	标准差	t 值	p 值（双尾）
汉语母语者	64	1563	16.4125	4.63854	5.940	0.000
接触密度较小组	45	582	11.4911	3.64653		

从表 7-2 可以看出，与自然口语接触密度较大组留学生弱连标记使用频率均值略低于汉语母语者，但是二者之间不存在显著性差异（p>0.05）。从表 7-3 可以看出，与自然口语接触密度较小组留学生弱连标记使用频率均值显著低于汉语母语者（p<0.05）。

由此可见，与自然口语接触密度较大的留学生经常沉浸在汉语母语者的日常话语环境中，并参与自然口语会话，他们深受汉语母语者口语表达习惯和话语连贯方式的影响，弱连标记使用频率十分接近汉语母语者。相反，与自然口语接触密度较小的留学生对弱连标记的习得水平较低，使用数量与汉语母语者存在较大差距，使用频率也低得多。

与此同时，我们分别计算了每个留学生使用弱连标记内部 6 个单独标记的千字频，并且对不同接触密度的两组留学生的单独标记使用频率进行了独立样本 t 检验，具体统计结果见表 7-4：

表 7-4　不同接触密度下单独标记的使用数量及频率对比

弱连标记	说话人	使用数量	频率均值	标准差	t 值	p 值（双尾）
所以	接触密度较大组	212	4.1029	2.40239	−0.384	0.702
	接触密度较小组	214	4.2933	2.03061		
然后	接触密度较大组	357	7.2171	4.69753	4.669	0.000
	接触密度较小组	155	2.9911	2.91460		
但是	接触密度较大组	112	2.2257	1.58918	−0.669	0.506
	接触密度较小组	128	2.4600	1.52798		

（续表）

弱连标记	说话人	使用数量	频率均值	标准差	t 值	p 值（双尾）
还有	接触密度较大组	76	1.6371	1.57985	2.416	0.018
	接触密度较小组	45	0.9022	1.14047		
那（么）	接触密度较大组	52	0.9857	1.72953	0.992	0.324
	接触密度较小组	31	0.6511	1.28781		
而且	接触密度较大组	8	0.1629	0.34563	−0.281	0.780
	接触密度较小组	9	0.1933	0.56464		

　　独立样本 t 检验的结果显示，与自然口语接触密度较大组留学生使用最多的标记是"然后"，而且其使用频率均值达到 7.2，显著高于接触密度较小组留学生（p<0.05）。相反，与自然口语接触密度较小组留学生使用最多的标记是"所以"，不过，其使用频率均值仅略高于接触密度较大组留学生，二者之间没有显著差异。

　　除标记"然后"以外，与自然口语接触密度较大组留学生标记"还有"和"那（么）"的使用数量及频率均高于接触密度较小组留学生。其中，标记"还有"的使用频率存在显著差异（p<0.05）。尽管标记"那（么）"的使用频率差异并不十分显著，但是在将两组留学生的千字频分别与汉语母语者比较后，我们发现，与自然口语接触密度较大组留学生标记"那（么）"的使用情况更加接近汉语母语者，具体统计结果见表 7-5 和表 7-6：

表 7-5　接触密度较大组留学生与汉语母语者"那（么）"的使用差异

说话人	人数	使用数量	频率均值	标准差	t 值	p 值（双尾）
汉语母语者	64	151	1.5688	1.89006	1.511	0.134
接触密度较大组	35	52	0.9857	1.72953		

表 7-6　接触密度较小组留学生与汉语母语者"那（么）"的使用差异

说话人	人数	使用数量	频率均值	标准差	t 值	p 值（双尾）
汉语母语者	64	151	1.5688	1.89006	2.826	0.006
接触密度较小组	45	31	0.6511	1.28781		

　　独立样本 t 检验的结果显示，与自然口语接触密度较大组留学生标记"那（么）"的使用频率均值低于汉语母语者，但是二者间不存在显著差异（p>0.05）。

相反，与自然口语接触密度较小组留学生标记"那（么）"的使用频率均值显著低于汉语母语者（p<0.05）。

基于以上几组统计数据，总体而言，自然口语接触密度与留学生弱连标记使用情况呈正相关，接触密度越大，使用数量及频率越高。另外，从留学生与汉语母语者使用差异的角度看，留学生与自然口语接触密度越大，其弱连标记使用情况与汉语母语者越接近。在这一规律的作用下，与自然口语接触密度较大的留学生，其弱连标记使用策略更加接近汉语母语者，而接触密度较小的留学生，其弱连标记策略则表现出更加明显的二语学习者特征。

其中，在独白语篇模式的构建方面，与自然口语接触密度较小的留学生使用最多的标记是"所以"，而这一标记对于构建模式二和模式三语篇具有重要作用。因此，在这部分留学生的独白中，汉语母语者很少组织的模式二和模式三语篇占比较大，而与自然口语接触密度较大的留学生，其语篇以模式一为主，与汉语母语者更为相似。在语体和体裁顺应方面，与自然口语接触密度较小的留学生，语体越正式化，其弱连标记使用频率越高，而且在论述型独白中弱连标记使用频率也明显提高。另外，这部分留学生对"所以"有明显的使用偏好。相反，与自然口语接触密度较大的留学生，与汉语母语者一致，对"然后"和"还有"表现出明显的使用偏好。

总之，弱连标记具有高度的社会环境敏感度，与自然口语的接触密度直接影响留学生对它的习得与使用。接触密度越大，连词的话语标记化比例越高，单独标记的使用倾向与汉语母语者越相似，弱连标记策略越接近汉语母语者。

（2）话语功能方面

分别统计与自然口语接触密度较大和较小两组留学生各类功能上分布的标记数量后，我们发现，接触密度不同的两组留学生，弱连标记功能分布有所不同，具体统计结果见表 7-7：

表 7-7　不同接触密度下的功能分布

话语功能	接触密度较大组		接触密度较小组	
	标记数量	占比	标记数量	占比
顺接话语主题	417	51.0%	263	45.2%
填充话语空白	204	25.0%	144	24.7%

（续表）

话语功能	接触密度较大组		接触密度较小组	
	标记数量	占比	标记数量	占比
转换话语主题	81	9.9%	60	10.3%
归结话语表达	64	7.8%	55	9.5%
找回话语主题	28	3.4%	29	5.0%
开始话语表达	23	2.8%	31	5.3%

如上表所示，与自然口语接触密度不同，功能分布差别主要表现为具有顺接话语主题功能的标记数量分布差距较大。相对来说，与自然口语接触密度较大组留学生使用的弱连标记的顺接话语主题功能更为突出，此类标记数量及所占比例均明显高于接触密度较小组留学生。

此外，分别统计6个单独标记的功能分布情况后，我们发现，与自然口语接触密度差异对标记"那（么）""但是"和"还有"的功能分布具有明显影响。与自然口语接触密度较大组留学生使用的标记"那（么）"发挥了6类话语功能，主要功能是顺接话语主题；与自然口语接触密度较小组留学生使用的标记"那（么）"发挥了5类话语功能，主要功能是开始话语表达，但不具备归结话语表达功能。与自然口语接触密度较大组留学生使用的标记"还有"的顺接话语主题功能突出，按照不同功能的标记数量由多到少排序，顺接话语主题是这部分留学生使用的标记的第二大话语功能。不过，这一功能却是接触密度较小组留学生使用的标记的第三大话语功能，而且二者间数量差距较大。与自然口语接触密度较大组留学生标记"但是"的转换话语主题功能明显强于接触密度较小组留学生。

综合以上数据，总体而言，与自然口语接触密度越大，留学生弱连标记的顺接话语主题功能越突出，单独标记的功能倾向与汉语母语者的使用情况越相似。反之，与自然口语接触密度小，弱连标记话语功能的二语学习者特征更加明显。

其中，在构建语篇方面，与自然口语接触密度较小的留学生使用弱连标记时，开始话语表达和结束话语表达功能较为突出，从而构建了更大比例的模式二和模式三语篇。与自然口语接触密度较大的留学生则重点发挥弱连标记的顺接话语主题功能，从而主要构建了模式一语篇。在语体和体裁顺应方面，与自然口语接触密度较小的留学生更加突出弱连标记的填充话语空白和归结话语表达功能，而接触密度较大的留学生使用的弱连标记更加集中于顺接话语主题功能，同时强调了填充话语空白和归结话语表达功能。

总之，与自然口语接触密度较大的留学生长时间沉浸于汉语社会环境，在与汉语母语者交际过程中，深化了对弱连标记话语功能的理解，功能侧重和语用倾向同汉语母语者较为一致，弱连标记以顺接话语主题为首要功能。

3. 自然口语接触密度与性别及职业的相互作用

（1）男女留学生的自然口语接触密度差异

从留学生自然汉语口语接触密度调查结果看，无论是接触强度还是接触时间，男性留学生均明显大于女性留学生。通过单独访谈，我们了解到，男性留学生课余生活更加丰富，他们有意愿，也敢于走向社会，参与兼职工作，而且工作类型较为多样，包括英语外教、销售、演员以及翻译等，接触的汉语母语者非常广泛。相比之下，女性留学生出于对安全的考虑，课余生活中接触最多的汉语母语者是校园内的中国学生，兼职工作并不普遍，而且以外教为主，交际对象大多是培训机构职员、参培儿童及其家长。

（2）自然口语接触密度对性别策略的影响

自然口语接触密度差异对留学生弱连标记的性别策略有明显影响，这种影响以男女留学生对标记"那（么）"的差异化使用为突出表现。如第六章表 6-2 所示，女性留学生对弱连标记内 5 个成员的使用数量均多于男性留学生，唯独标记"那（么）"的情况特殊，男性留学生使用这一标记的数量及频率都高于女性留学生。

在这种情况下，我们分别将男性和女性留学生使用标记"那（么）"的频率与汉语母语者使用标记"那么"的频率进行了独立样本 t 检验，具体结果如表 7-8 和表 7-9 所示：

表 7-8　男性留学生与汉语母语者"那（么）"的使用差异

说话人	人数	使用数量	频率均值	标准差	t 值	p 值（双尾）
汉语母语者	64	151	1.5688	1.89006	1.264	0.209
男性留学生	32	45	1.0406	2.00851		

表 7-9　女性留学生与汉语母语者"那（么）"的使用差异

说话人	人数	使用数量	频率均值	标准差	t 值	p 值（双尾）
汉语母语者	64	151	1.5688	1.89006	3.099	0.002
女性留学生	48	38	0.6354	1.01761		

　　独立样本 t 检验的结果显示，男性留学生使用标记"那（么）"的频率略低于汉语母语者，但是二者间不存在显著差异（p>0.05）。相反，女性留学生使用标记"那（么）"的频率显著低于汉语母语者（p<0.05）。

　　这说明，与女性留学生相比，男性留学生对标记"那（么）"的使用情况更接近汉语母语者。这与留学生跟自然口语的接触密度有一定关系。如前文所述，男性留学生社会接触广泛，交际对象包括不同年龄、职业以及教育程度的汉语母语者，而女性留学生的交际对象以中国大学生和兼职工作中接触到的少年儿童为主。前人研究发现，标记"那么"的使用受到年龄影响，三四十岁以上的人较多使用该标记，少年儿童甚至青年则较少使用该标记（吴晓芳、殷树林，2012）。因此，交际范围较广、接触人群多样的男性留学生更容易接触、感知、理解和习得这一存在于年纪较大的汉语母语者自然口语中的标记"那（么）"，进而在独白中更多地使用这一标记。

　　除了使用数量及频率以外，自然口语接触密度差异也会影响男女留学生话语中标记"那（么）"的话语功能。如第六章表 6-3 所示，男性留学生话语中标记"那（么）"的主要功能是顺接话语主题，该功能的标记数量明显多于女性留学生，而女性留学生话语中标记"那（么）"的主要功能是开始话语表达。同女性留学生相比，社会接触广泛的男性留学生话语中标记"那（么）"的话语功能更接近汉语母语者。

　　综上所述，男性和女性留学生在自然口语接触密度方面存在差异，受此影响，留学生弱连标记的性别策略也有所不同。相对而言，男性留学生使用这类标记的策略和特征与汉语母语者更为相似。

（3）职业背景与自然口语接触密度的相关性

　　根据留学生自然汉语口语接触密度调查结果，并结合他们的职业背景信息，我们发现，职业背景与自然口语接触密度存在较高的相关性。总体而言，职员背景的留学生与自然口语的接触密度较大，而学生背景的留学生与自然口语的接触密度较小。这说明，职员背景的留学生受工作需要和过往经历的影响，来华前后都与汉语母语者接触广泛。

（4）自然口语接触密度对职业策略的影响

如第六章所述，与学生背景的留学生相比，职员背景的留学生的社会网络更加庞杂，汉语交际范围广，交际机会多，而且交际对象多样。因此，职员背景的留学生在自然交际和日常交往中习得和使用弱连标记的概率更高，受汉语母语者话语表达习惯的影响也更大。

在这种情况下，自然口语接触密度差异促进并强化留学生弱连标记职业策略的分化。职员背景的留学生弱连标记使用情况更加接近汉语母语者，使用数量及频率显著提高，对标记"然后"有明显的使用偏好，而且更加突出顺接话语主题功能。学生背景的留学生弱连标记使用情况与汉语母语者相差较大，使用数量及频率降低，并且偏好使用标记"所以"。

二、 语用迁移与弱连标记策略

"迁移是由于目标语言与其他先前习得的语言（也许掌握得并不好）之间的异同带来的影响。"（Odlin，1989）可见，语言迁移主要指的是跨语言的影响，这既包括学习者的母语对目标语言的影响，也包括学习者已经习得的其他语言对正在学习的目标语言的影响。这种语言迁移包括语用学在内的所有语言次级体系（Odlin，2003）。语用迁移对留学生弱连标记策略的形成具有重要影响。

1. 语用迁移影响留学生弱连标记使用偏好

在本研究中，留学生的母语文化背景大致可以分为两类，一类是汉字文化圈背景，另一类是欧美文化背景。汉字文化圈包括日本、朝鲜、韩国和越南等中国周边国家和地区，历史上深受中华文化影响，来自这些国家的留学生在文化、思想、价值观念和风俗习惯等方面与中国人较为相似。欧美国家在地理上离中国较远，欧美人在历史、文化、思想、价值观念和风俗习惯等方面与中国人差异较大。母语文化背景的差异意味着语用迁移的影响有所不同，弱连标记策略会随着母语文化背景的不同而改变。

我们统计发现，汉字文化圈背景和欧美文化背景留学生弱连标记使用数量及频率均存在明显差异，具体统计结果见表 7-10：

表 7-10　不同母语文化背景下弱连标记的使用对比

母语文化背景	人数	使用数量	频率均值	标准差
汉字文化圈背景	42	740	14.7381	4.49666
欧美文化背景	38	659	12.3526	4.08886

从上表可以看出：汉字文化圈国家留学生一共使用弱连标记 740 个，占总数的 52.9%；欧美国家留学生一共使用弱连标记 659 个，占总数的 47.1%。从使用数量上看，汉字文化圈国家留学生比欧美国家留学生多用 80 余个。

另外，汉字文化圈国家留学生弱连标记使用频率均值为 14.7，欧美国家留学生的使用频率均值为 12.4。独立样本 t 检验的结果显示，t 值为 2.473，p 值为 0.016（双尾），两组数据均值在 0.05 水平上存在显著差异。以上数据说明，相较于欧美国家留学生，汉字文化圈国家留学生弱连标记使用数量多，使用频率高。

除了总体使用情况以外，我们分别统计了汉字文化圈和欧美国家留学生弱连标记内部 6 个单独标记的使用数量及频率，具体统计结果见表 7-11：

表 7-11　不同母语文化背景下单独标记的使用数量对比

母语文化背景	所以	然后	但是	还有	那（么）	而且
汉字文化圈背景	178 （24.1%）	307 （41.5%）	129 （17.4%）	68 （9.2%）	46 （6.2%）	12 （1.6%）
欧美文化背景	248 （37.6%）	205 （31.1%）	111 （16.8%）	53 （8.1%）	37 （5.6%）	5 （0.8%）

如上表所示，按照使用数量由多到少进行排序，汉字文化圈国家留学生 6 个单独标记的使用顺序为然后 > 所以 > 但是 > 还有 > 那（么）> 而且，欧美国家留学生 6 个单独标记的使用顺序为所以 > 然后 > 但是 > 还有 > 那（么）> 而且。

两组留学生使用数量最多的标记不同。汉字文化圈国家留学生使用最多的标记是"然后"，共 307 个，占总数的 41.5%；欧美国家留学生使用最多的标记是"所以"，共 248 个，占总数的 37.6%。

另外，分别统计汉字文化圈和欧美国家留学生单独标记的使用频率后，我们对每个标记的两组数据都进行了独立样本 t 检验，比较使用频率是否存在显著差异，具体统计结果见表 7-12：

表 7-12 不同母语文化背景下单独标记的使用频率对比

弱连标记	母语文化背景	频率均值	标准差	t 值	p 值（双尾）
所以	汉字文化圈背景	3.6690	1.98623	−2.393	0.019
	欧美文化背景	4.8079	2.27054		
然后	汉字文化圈背景	6.0643	4.53484	2.774	0.007
	欧美文化背景	3.4868	3.67594		
但是	汉字文化圈背景	2.5405	1.75930	1.130	0.262
	欧美文化背景	2.1553	1.27145		
还有	汉字文化圈背景	1.3571	1.58239	0.901	0.370
	欧美文化背景	1.0763	1.14477		
那（么）	汉字文化圈背景	0.8405	1.65398	0.268	0.789
	欧美文化背景	0.7500	1.32088		
而且	汉字文化圈背景	0.2571	0.58399	1.572	0.121
	欧美文化背景	0.0947	0.31188		

从上表可以看出：汉字文化圈国家留学生标记"然后"的使用频率均值为 6.1，欧美国家留学生的使用频率均值为 3.5，t 值为 2.774，p 值为 0.007（双尾），两组数据均值在 0.05 水平上存在显著差异；汉字文化圈国家留学生标记"所以"的使用频率均值为 3.7，欧美国家留学生的使用频率均值为 4.8，t 值为 −2.393，p 值为 0.019（双尾），两组数据均值在 0.05 水平上存在显著差异。

以上数据说明，汉字文化圈国家留学生弱连标记使用突出，尤其对标记"然后"表现出明显的使用偏好，而欧美国家留学生弱连标记使用数量及频率均显著低于汉字文化圈国家留学生，且对标记"所以"表现出明显的使用偏好。

这种使用偏好上的差异与留学生母语文化背景和中国语言文化之间的距离有关系。一般而言，文化距离（Cultural Distance）指共享规范与价值观在一个国家与另一个国家之间的差异程度。汉字文化圈国家分布于中国周边，深受中华文化影响，历史传统、社会习俗以及人们的价值观念、思维方式和心理状态等与中国较为相似；欧美国家不仅与中国相距遥远，而且社会、历史以及人们的认知心理和交际文化等与中国差异较大。相对而言，汉字文化圈国家与中国之间的文化距离较小，欧美国家与中国之间的文化距离较大，这种差异通常被概括为东西方语言文化差异。

受文化距离的影响，语用迁移也有所不同。受益于文化距离较小的优势，汉字文化圈国家留学生思维模式和表达习惯等与汉语母语者比较相似，导致独白输出过程中的话语组织方式和标记使用倾向等语用特征与汉语母语者较为接近。由于较大的文化距离，欧美国家留学生认知心理和交际行为特征与汉语母语者差异明显，导致信息传递模式和标记选用偏好等语用特征与汉语母语者有所不同。在这种情况下，汉字文化圈国家留学生弱连标记使用频率（14.7）与汉语母语者（16.4）相差较小，欧美国家留学生使用频率（12.4）大幅低于汉语母语者；汉字文化圈国家留学生偏好使用标记"然后"，使用频率（6.1）与汉语母语者（9.2）更加接近，欧美国家留学生偏好使用标记"所以"，使用频率（4.8）不仅高于汉字文化圈国家留学生（3.7），更大幅高于汉语母语者（2.2）。

2. 语用迁移影响留学生弱连标记功能侧重

母语文化背景不同，语用迁移的结果有所差异，这不仅导致汉字文化圈和欧美国家留学生弱连标记使用偏好有所不同，而且影响弱连标记的话语功能侧重。我们分别统计了汉字文化圈和欧美国家留学生弱连标记的功能分布情况，具体结果见图 7-1：

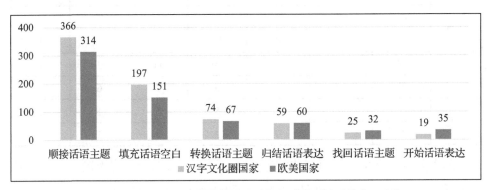

图 7-1　不同母语文化背景下弱连标记功能对比（单位：个）

从上图可以看出，两组留学生开始话语表达功能存在明显差别。首先，这一功能在欧美国家留学生使用的弱连标记的功能排序中列第五位，在汉字文化圈国家留学生中列最后一位。其次，尽管这一功能并非主要功能，标记数量不多，但是欧美国家留学生共有 35 个标记，占总数的 5.3%，汉字文化圈国家留学生仅用了 19 个，占总数的 2.6%，欧美国家留学生标记数量及其占比均多出一倍左右。除此以外，两组留学生顺接话语主题和填充话语空白功能也存在较明显的差别，与欧美国家留学生相比，汉字文化圈国家留学生所用标记数量均多出 50 个左右。

综上所述，欧美国家留学生侧重弱连标记的开始话语表达功能，而汉字文化圈国家留学生侧重顺接话语主题和填充话语空白功能。

此外，我们分别统计了两组留学生 6 个单独标记的功能分布情况，具体统计结果见表 7-13（表中"汉"代表汉字文化圈国家留学生，"欧"代表欧美国家留学生）：

表 7-13　不同母语文化背景下单独标记的话语功能对比

弱连标记	母语文化背景	开始话语表达	归结话语表达	顺接话语主题	填充话语空白	转换话语主题	找回话语主题
所以	汉	5	52	56	48	6	11
	欧	19	58	111	38	8	14
然后	汉	2	0	215	60	26	4
	欧	0	1	147	44	11	2
但是	汉	0	5	49	46	21	8
	欧	0	0	36	39	24	12
还有	汉	2	0	22	27	17	0
	欧	0	0	12	21	17	3
那（么）	汉	10	2	19	11	3	1
	欧	16	1	6	7	3	1
而且	汉	0	0	5	5	1	1
	欧	0	0	2	2	1	0

从上表可以看出，母语文化背景不同，语用迁移的影响也不同。其中，受语用迁移影响较为明显的标记是"所以"和"那（么）"。

标记"所以"的功能差异主要表现在顺接话语主题和开始话语表达上。首先，欧美国家留学生使用了超过 100 个"所以"来顺接话语主题，占比超过40%，汉字文化圈国家留学生使用"所以"的数量仅为欧美国家留学生的一半，占比也减少 10 多个百分点。其次，欧美国家留学生使用了近 20 个"所以"来开始话语表达，占比接近 8%；汉字文化圈国家留学生仅用 5 个"所以"来开始话语表达，占比不足 3%。另外，从功能排序的角度看，开始话语表达是欧美国家留学生使用的标记"所以"的第四大功能，而只是汉字文化圈国家留学生使用的标记"所以"的第六大话语功能。

标记"那（么）"的功能差异主要表现为首要功能不同。汉字文化圈国家留学生标记"那（么）"的首要功能是顺接话语主题，具有该功能的标记数量为 19 个，占总数的 41.3%；欧美国家留学生标记"那（么）"的首要功能是开始话语表达，具有该功能的标记数量为 16 个，占总数的 43.2%。

此外，顺接话语主题是留学生 6 个单独标记的主要功能。不过，从实现这一功能的标记形式选择上看，汉字文化圈国家留学生以使用标记"然后"为主，欧美国家留学生除使用标记"然后"外，也使用标记"所以"。

以上数据说明，汉字文化圈国家留学生更加注重发挥弱连标记的顺接话语主题和填充话语空白功能。与之相比，欧美国家留学生弱连标记的开始话语表达功能更加突出，标记"所以"和"那（么）"重点发挥了这一功能。

弱连标记的功能侧重差异可能与不同母语文化背景留学生独白时的参与者结构不同有关。学界普遍认为西方人独白的拟对话性较强，他们更倾向于构建一种互动式参与者结构。相比之下，东方人独白的拟对话性较弱，他们更倾向于构建一种自述式参与者结构。

不同类型的参与者结构导致不同的话语表达需求。西方人很在意虚拟听话人的话语接受情况和交际动态，需要明示独白的开端和结束等话语界限。受此影响，英语中"so"的话语标记化比例极高，而且语用功能多样，界限标记功能突出，常用于表达的开头和结尾，标记交际的开始和结束（Lieven Buysse，2012）。在语用迁移的作用下，作为"so"在汉语中的对应形式，欧美留学生独白中的"所以"和"那（么）"，尤其是"所以"，具有明显的"so"的语用特征，凸显了开始话语表达和结束话语表达功能。

相反，汉字文化圈国家留学生更加在意自身表达的连贯性，需要增强独白内容的完整性和清晰度，而且他们的英语水平远不如欧美学生，受英语的语用迁移影响较小，所以使用弱连标记，尤其是标记"所以"和"那（么）"时，侧重它们的顺接话语主题功能。

3. 欧美留学生标记"所以"的二语者策略特征

留学生的母语文化背景不同，受到的跨语言语用迁移的影响也有所差别。汉字文化圈国家留学生与汉语母语者之间文化距离较小，其弱连标记策略与汉语母语者更为接近，而欧美国家留学生与汉语母语者之间文化距离较大，弱连标记策略表现出更加明显的第二语言学习者特征。这不仅表现为欧美留学生对标记"所以"的使用偏好，还突出表现为欧美留学生使用标记"所以"的具体特征。

（1）使用数量及频率突出

在语音形式上，"所以"与"so"比较相似，受英语的影响，欧美留学生在使用标记"所以"时，普遍存在吞音现象，不仅减少音节"以"的发音时长，甚至模糊音位 [u] 的发音过程，致使标记"所以"的发音类似降声的 [so]。"由于话语标记的插入语性质，一般来说，形式越短小的使用频率越高。"（曹秀玲，2016）留学生受英语迁移影响，通过吞音，使得标记"所以"的语音形式更加简短，既与独白中的连词"所以"形成鲜明差异，又为高频使用奠定了形式基础。在这种情况下，欧美国家留学生在汉语独白中遇到话语形式和内容上的衔接需求或者表达障碍时，会不自觉地使用与母语或者第一外语语用特征相对应的汉语语用手段。因此，标记"所以"的使用数量及频率大幅提高，不仅高于汉字文化圈国家留学生，而且显著高于汉语母语者。

（2）语篇构成模式多样化

英语中"so"具有界限标记功能，在语用迁移的作用下，欧美留学生汉语独白中标记"所以"也可以标示表达的开启和结束。与之相反，汉语母语者使用的标记"所以"并不具备这样的功能。受"so"语用功能的影响，标记"所以"可以出现在独白开端处，发挥开启话语表达的功能，也可以出现在独白结尾处，起到结束话语表达的作用。标记"所以"在这两个话语位置出现，构建了更为丰富、多样的独白语篇。与汉语母语者几乎全部为模式一语篇不同，欧美国家留学生模式二和模式三语篇数量较多，所占比例较高。

（3）语体和体裁顺应的重要形式手段

如前文所述，随着语体正式程度的提升，体裁由叙述转换为论述，独白的复杂度也明显提高。当留学生面对复杂度较高的独白任务时，心理更趋紧张。在这种状态下，母语或者第一外语的语用迁移作用愈发显现。因此，相较于汉字文化圈国家留学生，欧美国家留学生受英语"so"语用特征的影响，较正式语体独白和论述型独白中标记"所以"的使用数量及频率有所提高，成为他们顺应语体和体裁变化时所采用的重要的形式手段。

（4）性别策略的主要表现方式

我们考察发现，在欧美国家留学生内部，女性受到的英语语用迁移的影响大于男性。经统计，女性使用标记"所以"的数量及频率并不显著突出，但是语用功能倾向较为明显，开始话语表达和结束话语表达功能增强。这可能与女性语言表达能力强于男性，对英语语用特征的掌握程度更高有关系。欧美女性留学生即使不是英语母语者，其英语水平也很高，她们对英语语用规则的理解和习得情况更好，所以更容易受到英语语用迁移的影响，甚至会直接使用"so"的汉语对应形式"所以"或者"那（么）"。

三、 汉语水平与弱连标记策略

1. 高级汉语水平留学生的话语能力

在本研究中，留学生的汉语水平分为 HSK（新）五级和六级两个等级。HSK 考试大纲明确指出 HSK（新）五级和六级考生的词汇量存在较大差别，五级考生的词汇量应达到 2500 个，六级考生的词汇量应达到 5000 个。该大纲对考生的语言能力也有具体描述。其中，通过六级考试的考生能用汉语自如地进行各种社会交际活动，汉语应用水平接近汉语为母语者；通过五级考试的考生能用汉语就比较抽象或专业的话题进行讨论、评价和发表看法，能较轻松地应对各种交际任务。

此外，《国际汉语能力标准》将 HSK（新）五级和六级均对应其中的五级，在具体描述中，又将它们分别对应《欧洲语言共同参考框架（CEFR）》的 C1 和 C2 水平。该框架对 C1 的描述可以简单概括为能够灵活运用语言，讨论深层话题；对 C2 的描述为能够精确掌握语言，达到听说自如。根据以上三份文件的说明，通过 HSK（新）五级和六级考试的留学生，其汉语水平存在较大差异。

汉语水平能够反映其汉语语言能力和交际能力，与 HSK（新）五级留学生相比，HSK（新）六级留学生的词汇量更大，语言能力和交际能力更强，汉语综合运用水平接近汉语母语者。

Hedge（2000）在总结前人研究的基础上，对交际语言能力的关键要素进行了归纳和区分，明确指出话语能力是交际能力的重要组成部分，而话语能力是指将言语连接到一起以形成连贯的文本或者谈话的知识与技能。根据他的总结，语言学习者轮流发言时每次说话时间都较长，使用话语标记开始和结束一次交谈都属于话语能力。由此可见，作为重要的话语连贯手段，弱连标记的使用与语言学习者的话语能力有关。留学生汉语水平不同，其以话语能力为关键因素的交际能力也不同，受此影响，独白中弱连标记策略也会有所差异。

2. 汉语水平影响留学生弱连标记频率及功能

留学生汉语水平不同，对弱连标记的使用也有所不同。分别计算 HSK（新）五级和六级留学生弱连标记千字频后，我们对两组数据进行了独立样本 t 检验，具体统计结果见表 7-14：

表 7-14 不同汉语水平留学生弱连标记使用数量及频率对比

汉语水平	人数	使用数量	频率均值	标准差	t 值	p 值（双尾）
HSK（新）五级	44	597	11.5682	3.66598	−5.233	0.000
HSK（新）六级	36	802	16.0944	4.06237		

独立样本 t 检验的结果显示，HSK（新）六级留学生弱连标记使用频率均值显著高于 HSK（新）五级留学生（p<0.05）。这说明，HSK（新）六级留学生更多地使用弱连标记组织独白语篇。

在此基础上，我们分别将上述两组留学生数据与汉语母语者进行比较，具体统计结果见表 7-15 和表 7-16：

表 7-15 五级水平留学生与汉语母语者弱连标记使用差异

说话人	人数	使用数量	频率均值	标准差	t 值	p 值（双尾）
汉语母语者	64	1563	16.4125	4.63854	5.792	0.000
五级留学生	44	597	11.5682	3.66598		

表 7-16　六级水平留学生与汉语母语者弱连标记使用差异

说话人	人数	使用数量	频率均值	标准差	t 值	p 值（双尾）
汉语母语者	64	1563	16.4125	4.63854	0.344	0.732
六级留学生	36	802	16.0944	4.06237		

从表 7-15 可以看出，HSK（新）五级留学生弱连标记使用频率均值显著低于汉语母语者（p<0.05）。从表 7-16 可以看出，HSK（新）六级留学生弱连标记使用频率均值略低于汉语母语者，但是二者之间不存在显著差异（p>0.05）。由此可见，汉语水平达到六级以后，留学生弱连标记使用频率大幅提高，并接近汉语母语者。

汉语水平除了影响弱连标记使用数量及频率的差异化调整以外，也会影响其功能分布及侧重。我们统计了两组留学生的弱连标记功能分布情况，发现尽管不同汉语水平留学生使用的弱连标记的主要功能都是顺接话语主题和填充话语空白，但是发挥顺接话语主题功能的标记数量却存在较大差距。相较而言，HSK（新）六级留学生弱连标记的顺接话语主题功能更加突出。

此外，我们分别统计了弱连标记内部各成员的功能分布情况，发现不同汉语水平留学生使用的标记"然后""那（么）"和"还有"的功能分布差异比较明显。相对于 HSK（新）五级留学生，HSK（新）六级留学生使用的标记"然后"的顺接话语主题功能更加突出，发挥该功能的标记数量为 223 个，占其所用标记"然后"总数的 70% 以上；标记"还有"的转换话语主题功能更加突出，不仅标记数量最多，而且占比最高。这些都与汉语母语者弱连标记的语用功能特征更加相似。

综上所述，留学生汉语水平高意味着其汉语交际能力和话语能力强，口语表达中弱连标记策略受目的语语用特征的影响大。总体而言，汉语水平越高，留学生弱连标记的使用数量、使用频率以及功能侧重与汉语母语者越相似。

3. 汉语水平影响留学生弱连标记的使用倾向

我们考察了不同汉语水平的两组留学生对弱连标记内部成员的使用偏好。在分别计算弱连标记内部 6 个单独标记千字频的基础上，对 HSK（新）五级和六级两组留学生的单独标记使用频率进行了独立样本 t 检验，具体统计结果见

表 7-17：

表 7-17 不同汉语水平下单独标记的使用情况

弱连标记	汉语水平	使用数量	频率均值	标准差	t 值	p 值（双尾）
所以	HSK（新）五级	205	4.1136	1.80511	−0.433	0.666
	HSK（新）六级	221	4.3278	2.60413		
然后	HSK（新）五级	200	3.6909	3.65830	−2.735	0.008
	HSK（新）六级	312	6.2444	4.69367		
但是	HSK（新）五级	115	2.2500	1.47939	−0.684	0.496
	HSK（新）六级	125	2.4889	1.64261		
还有	HSK（新）五级	55	1.0750	1.33593	−1.059	0.293
	HSK（新）六级	66	1.4056	1.45228		
那（么）	HSK（新）五级	20	0.3955	0.78680	−2.571	0.014
	HSK（新）六级	63	1.2889	1.96000		
而且	HSK（新）五级	2	0.0477	0.22772	−2.637	0.012
	HSK（新）六级	15	0.3417	0.63623		

独立样本 t 检验的结果显示，HSK（新）五级留学生偏好使用标记"所以"，其使用数量及频率均高于其他标记。HSK（新）六级留学生偏好使用标记"然后"，其使用数量及频率均高于其他标记，而且使用频率显著高于 HSK（新）五级留学生（p<0.05）。除标记"然后"以外，HSK（新）六级留学生对标记"那（么）"和"而且"也具有明显的使用倾向，它们的使用数量及频率均显著高于 HSK（新）五级留学生（p<0.05）。

另外，我们分别将 HSK（新）五级和六级留学生标记"那（么）"和"而且"的使用频率与汉语母语者进行了比较，具体结果见表 7-18 到表 7-21：

表 7-18 六级留学生与汉语母语者"那（么）"的使用差异

说话人	人数	频率均值	标准差	t 值	p 值（双尾）
汉语母语者	64	1.5688	1.89006	0.701	0.485
六级留学生	36	1.2889	1.96000		

表 7-19　五级留学生与汉语母语者"那（么）"的使用差异

说话人	人数	频率均值	标准差	t 值	p 值（双尾）
汉语母语者	64	1.5688	1.89006	3.888	0.000
五级留学生	44	0.3955	0.78680		

表 7-20　六级留学生与汉语母语者"而且"的使用差异

说话人	人数	频率均值	标准差	t 值	p 值（双尾）
汉语母语者	64	0.3188	0.48037	−0.203	0.839
六级留学生	36	0.3417	0.63623		

表 7-21　五级留学生与汉语母语者"而且"的使用差异

说话人	人数	频率均值	标准差	t 值	p 值（双尾）
汉语母语者	64	0.3188	0.48037	3.480	0.001
五级留学生	44	0.0477	0.22772		

从表 7-18 和表 7-19 可以看出：HSK（新）六级留学生标记"那（么）"的使用频率略低于汉语母语者，但是二者之间并不存在显著差异；HSK（新）五级留学生标记"那（么）"的使用频率显著低于汉语母语者。

从表 7-20 和表 7-21 可以看出：HSK（新）六级留学生标记"而且"的使用频率略高于汉语母语者，但是二者之间并不存在显著差异；HSK（新）五级留学生标记"而且"的使用频率显著低于汉语母语者。

这说明，尽管这两个标记均属非常用弱连标记，但是 HSK（新）六级留学生对它们的使用数量及频率不仅高于 HSK（新）五级留学生，而且与汉语母语者较为接近。由此可见，汉语水平高的留学生标记形式种类丰富，而且随着汉语水平的提高，其话语衔接方式与汉语母语者趋近，弱连标记策略受到汉语母语者的影响更大。

基于以上几组统计数据可以看出，尽管留学生都达到了较高的汉语水平，能够灵活甚至自如地使用汉语进行社会交际，但是汉语水平仍然会影响留学生弱连标记的使用倾向。HSK（新）六级留学生对标记"然后"和非常用标记"那（么）""而且"的使用倾向明显，弱连标记策略与汉语母语者相似。HSK（新）五级留学生则更倾向于使用标记"所以"，表现出较强的二语学习者语用特征。

在这种情况下，比照前文所谈的弱连标记策略，我们发现：HSK（新）六级留学生更多地通过使用标记"然后"构建模式一独白语篇；HSK（新）五级留学生除了模式一语篇外，还通过使用标记"所以"构建了较多的模式二和模式三语篇。在语体顺应方面，HSK（新）五级留学生在较正式语体独白中弱连标记使用数量及频率提高较多，HSK（新）六级留学生在较正式语体独白中弱连标记使用数量及频率提高幅度较小。与 HSK（新）六级留学生相比，HSK（新）五级留学生在论述型独白中更多地使用标记"所以"，并且侧重其归结话语表达功能，以凸显独白的论述特征。

四、 本章小结

自然口语接触密度、语用迁移和汉语水平是留学生弱连标记策略形成的主要影响因素。

留学生与自然口语接触密度越大，标记策略受汉语母语者语用特征的影响也越大，留学生使用标记"然后""还有"以及"那（么）"的数量及频率提高，语用功能更加侧重顺接话语主题。另外，不同性别和职业背景的留学生自然口语接触密度不同，男性和职员背景的留学生社会接触广泛，受汉语母语者影响较大，导致弱连标记的使用情况呈现出性别和职业策略特征。

语用迁移对留学生弱连标记策略影响较大。相较而言，欧美留学生中英语为母语者人数多，非英语母语者英语水平高，英语语用迁移影响显著，标记"所以"的使用数量及频率较高，开始话语表达和归结话语表达功能突出，从而构建了更多的模式二和模式三语篇。与此同时，与汉字文化圈留学生相比，欧美留学生侧重使用标记"所以"的归结话语表达功能，突出了弱连标记的体裁顺应策略。

汉语水平能够反映留学生的话语能力，而话语能力对弱连标记策略的形成具有重要影响。汉语水平越高，留学生弱连标记内部成员的种类越丰富，不仅对标记"然后"的使用倾向性增强，而且非常用标记"那（么）"和"而且"的使用数量及频率也显著提高，弱连标记策略与汉语母语者更为接近。

以上三种影响因素之间的关系如图 7-2 所示：

图 7-2　影响弱连标记策略形成的因素之间的关系

　　如上图所示，留学生弱连标记策略的形成是自然口语接触密度、语用迁移和汉语水平综合影响、多方博弈的结果。如果留学生自然口语接触密度增大，汉语水平提高，那么汉语母语者语用特征的影响力就会随之加强，留学生就能够有效避免母语或者第一外语的语用迁移影响，弱连标记策略就会接近汉语母语者。反之，如果留学生局限于本国同胞和外国同学的交际圈内，没有积极融入目的语环境，汉语水平未能显著提高，那么母语或第一外语的语用迁移作用就会增大，弱连标记策略就会深受母语或者第一外语影响，表现出明显的第二语言学习者特征。因此，留学生若要提高弱连标记策略水平，就要融入汉语社群，扩大交际范围，深化交际内涵，并且努力提高汉语水平。

第八章

面向留学生的话语标记教学启示

一、 研究发现

本研究通过说话人单独录音、个别访谈以及问卷调查等方式，对 80 位高级汉语水平留学生和 64 位汉语母语者进行了语料采集和数据收集。在语料考察的基础上，本研究确定了弱连标记的判断标准，并从语料中识别出 6 个单独标记形式，分别为"所以""然后""但是""还有""那（么）"和"而且"。总体而言，本研究主要有以下发现：

第一，分析了弱连标记的话语功能。本研究发现，弱连标记话语功能主要表现在语篇连贯方面，具体包括形式连贯功能和内容连贯功能。其中，形式连贯功能体现说话人对交际进程的关注，可细分为开始话语表达、归结话语表达和填充话语空白等三类功能；内容连贯功能体现说话人对话语主题的关注，可细分为顺接话语主题、转换话语主题、找回话语主题等三类功能。

第二，考察了留学生弱连标记的使用情况。本研究发现，弱连标记是留学生重要的话语衔接手段。据统计，"所以""然后""但是""还有""那（么）"和"而且"等 6 个连词的使用数量多达 2721 个，其中 1399 个（51.4%）语义明显弱化，起到话语标记作用。弱连标记的使用频率达到 13.6，它们在独白中主要发挥顺接话语主题功能，其次为填充话语空白功能。

第三，探究了留学生弱连标记策略。根据独白的语篇模式、语体类型和体裁特征以及说话人的社会文化身份等，本研究将留学生弱连标记策略划分为语篇构建策略、语体顺应策略、体裁顺应策略和社会文化策略。

（1）语篇构建策略。留学生通过使用弱连标记可以构建三种语篇模式：模式一，$A_1+A_2+\cdots\cdots+A_n$，DM（，）$+B_1+B_2+\cdots\cdots+B_n$；模式二，DM（，）$+B_1+B_2+\cdots\cdots+B_n$；模式三，$A_1+A_2+\cdots\cdots+A_n$，DM。与汉语母语者相比，模式二和模式三是留学生构建的语篇中较为突出的类型，而弱连标记"所以"是留学生构建这两类语篇的重要语言手段，其使用数量和频率均显著高于汉语母语者。

（2）语体顺应策略。语体不同，独白的语言形式特征和话语组织特点也有差异。留学生通过弱连标记的差别化使用，顺应正式语体的表达需求，凸显正式语体与随意语体的话语差异。语体顺应策略主要表现为：语体正式化以后，留学生会增加弱连标记使用数量，提高弱连标记使用频率，偏重弱连标记的填充话语空白功能，更多选用"然后""而且"和"那么"等内部成员。

（3）体裁顺应策略。体裁不同，独白的语言形式特征和话语组织特点也有差异。留学生通过弱连标记的差别化使用，顺应论述型独白的表达需求，凸显论述型独白与叙述型独白的话语差异。体裁顺应策略主要表现为：独白语篇体裁由叙述转为论述后，留学生会增加弱连标记使用数量，提高弱连标记使用频率，偏重弱连标记的填充话语空白和归结话语表达功能，更多地选用"所以"和"但是"等内部成员。

（4）社会文化策略。留学生通过弱连标记的差异化使用，凸显不同性别和职业说话人的语言表达特征。首先，性别策略。女性通过提高弱连标记使用数量及频率，侧重发挥弱连标记的开始话语表达和归结话语表达功能，偏好使用标记"所以"并强化其开始话语表达与结束话语表达以及标记言者态度功能，构建了女性擅长表达、话语丰富流畅、注重形式连贯、为听话人考虑以及突出个人感受与态度的性别身份特征。其次，职业策略。职员背景的留学生通过提高弱连标记使用数量及频率、侧重发挥弱连标记的顺接话语主题功能、偏好使用标记"然后"，构建了职员背景的留学生交际范围广、习得水平高、语言资本意识强的职业身份特征。

第四，讨论了影响留学生弱连标记策略形成的原因。本研究发现，自然口语接触密度、语用迁移和汉语水平是影响留学生弱连标记策略的主要原因。自然口语接触密度增大，汉语水平提高，汉语母语者语用特征的影响力随之加强，在这种情况下，留学生能够有效避免母语或者第一外语的语用迁移，弱连标记策略接近于汉语母语者。反之，留学生目的语社会融入程度低，汉语水平未能显著提高，语用迁移作用就会加大，弱连标记策略深受母语或者第一外语影响，表现出更加明显的第二语言学习者特征。因此，缩小与目的语社群的社会心理距离，扩大与汉语母语者的交际范围，有利于提高留学生弱连标记策略水平。

二、 教学建议

弱连标记能够标示句子与句子之间、句群与句群之间、段落与段落之间、话语与话语之间，甚至话语与思维之间以及思维与语境之间的关系。留学生如果能够在汉语交际中准确、适当地使用弱连标记，不仅有利于增强话语表达的连贯性，而且可以提升表达的流畅度，使口语更加自然、地道。同时，弱连标记有助于留学生理解交际对象的话语内容，明确其言语意图。因此，汉语教学中，尤其是针对高级汉语水平留学生的口语教学，应该关注弱连标记的语用功能，而非仅仅强调连词在课文中的真值语义及其所表示的逻辑关系。本研究的发现对弱连标记教学具有一定的启示。

1. 汉语教学应该重视弱连标记的感知、理解和练习

本研究发现，与汉语母语者相比，留学生使用"然后""所以""还有""那（么）"和"而且"等弱连标记的数量较少，千字频较低。另外，从弱连标记的功能分布情况来看，与汉语母语者集中于内容连贯不同，留学生的形式连贯功能较为突出，他们通过使用弱连标记来顺接、转换和找回话语主题，这说明他们延续独白的能力还有待加强。这与教学中教师对弱连标记重视不足有很大的关系。黄程珠（2018）曾指出，在对外汉语教学中，话语标记没有明确地被列为教学目标，教材中缺少话语标记知识的系统性介绍，教师不把话语标记作为教学内容。基于本研究的发现和教学现状，我们提出以下三点建议：

（1）教师在课堂教学中关注弱连标记，适时、适当地教授相关知识及其用法。Hedge（2000）曾指出，语用能力暗含语言学习者学习语法形式和用法之间的关系以及学习规范性。使用弱连标记需要学习者掌握这类标记的语用作用，而不仅仅是语法形式。当学生学习和理解了连词的语法意义之后，教师可以适当讲解其语义弱化以后的话语标记功能，帮助学生了解这些标记不仅大量存在于自然口语之中，而且发挥了重要的话语功能，最终引导学生在口语中合理地使用弱连标记来组织语篇，提升表达的连贯性和流畅度。

（2）汉语教材和汉语学习工具书中应该加入对弱连标记的介绍和注释。教材是学生学习汉语的重要资源，也是教师和学生之间的学习纽带，而汉语学习工具书是学生学习汉语的重要支撑。教材和工具书中应该系统地融入弱连标记知识介绍以及用法注释，并且按照不同连词的话语标记化比例以及功能侧重，分层次、分步骤地对弱连标记做出教学安排，循序渐进地展示这类标记的功能类型和实际用例。这一方面可以引起教师和学生对这类标记的重视，另一方面能够引导学生在口语表达中创造性地运用这些标记，从而提升口语表达水平。

此外，本研究发现，留学生弱连标记的体裁顺应策略与汉语母语者不同，这主要是因为留学生接触的论述体裁语篇少，不熟悉正式语体独白和论述语篇的表达特点。在这种情况下，汉语教材在课文选文上应该增加说明文和议论文的比例，强化留学生的语体和体裁意识，让他们掌握不同语体和体裁语篇的话语组织特点，从而提升留学生弱连标记的语体和体裁顺应策略水平。

（3）在教学安排上，应该开设以真实、自然交际为教学内容的听说课程。目前汉语听说课的教学材料突出了词汇、语法和表达式的教学，使用的大多是编者虚构的对话和语篇。为了使教学重点更加突出，目前的教学材料大多删除了话语标记和各类语气词，导致学生在课堂学习中很难接触自然口语中的话语标记。

然而，研究发现，弱连标记是对自然语言接触较为敏感的语言成分。开设以真实鲜活的听说材料为教学内容的课程，能够在课堂上给予学生足量的可理解输入，提高学生与自然口语的接触频率，"完成类似于学习者作为社会群体中的一员向目的语社会群体的接触过程"（黄彩玉、谢红宇，2018），从而帮助学生在课堂教学环境中感知、理解并习得弱连标记，最终引导学生在口语表达中合理、有效地运用。

此外，本研究发现，留学生弱连标记的语体顺应策略与汉语母语者不同，这主要是因为他们接触的正式语体口语较少，不熟悉正式语体口语的表达特征。因此，听说课程既要从选材上增加演讲、致辞和代表发言等正式语体语料，帮助学生了解正式语体的话语组织特点，同时也要在课堂教学中加强不同语体的表达训练，提升留学生弱连标记语体顺应策略水平。

2. 开展汉语第二课堂，提高留学生用汉语进行真实交际的主动性

本研究发现，留学生与自然口语的接触密度显著影响弱连标记策略。积极融入汉语社群，密切接触自然口语，不断缩小与汉语社区的社会心理距离，有利于留学生习得弱连标记，提高汉语语用能力。这一发现对汉语作为第二语言教学具有非常重要的意义。

对留学生来说，除了模拟真实的课堂教学环境以外，还有真实的社会语言环境，来华留学生具有与自然口语接触的天然优势，有机会与汉语母语者进行直接而深入的交流，能够逐渐熟悉并习得自然汉语口语中的各种语用机制，尤其能够理解并掌握弱连标记的话语功能。不过，部分身处目的语环境的学生并没有充分利用上述优势，其弱连标记策略受到母语或第一外语英语的影响。

在这种情况下，针对高级汉语水平留学生的教学设计应该包括第二课堂语言实践。通过开设第二课堂，引导留学生融入汉语社群，充分挖掘目的语环境中的学习资源，在与汉语母语者的频繁接触和真实交际中习得语用知识，培养语用习惯，使高级汉语水平留学生的口语表达更加纯正、地道，弱连标记策略更加接近汉语母语者。基于上述分析，我们提出以下建议：

（1）提高中外学生的融合式管理水平。中外学生虽然在一些方面的确存在管理差异，但是很多方面是可以互通共融的，比如学生社团、社会实践和文体竞赛等可以打破中外学生界限，引导留学生积极参与其中，让他们在活动中结交中国朋友，增加与汉语母语者直接对话的机会。另外，管理部门可以组织中外学生共建语言交流社团，为留学生创造与汉语母语者深入交流的机会。

（2）培养留学生走出校园、走进汉语社区的学习意识。相对于课堂教学时间，留学生的课余时间更为丰富，教师应该鼓励并引导他们走进公园、市场和博物馆等，融入真实的汉语生活，与晨练的老人、购物的主妇、卖货的摊贩以及参观的游人等自然交流。在频繁的言语接触过程中，他们会对各类语用现象，尤其是弱连标记，产生注意，"主观注意是使输入语言变为吸收语言的必要充分条件"（Ellis，2002），当留学生特别注意到自然口语中大量存在的弱连标记之后，他们会逐渐习得这一语用机制。

（3）结合课堂教学内容，组织有目的的教学实践。教师将课堂教学与课外

实践相结合，针对教学内容，设计课外实践，引导学生有目的地运用语言。比如：结合经贸话题，带领学生走进知名企业，参与商务活动；结合老龄化话题，带领学生走进养老机构，调查老人的晚年生活。通过此类社会实践，引导留学生接触不同年龄、性别和职业的汉语母语者，并与之深入交流，在这个过程中，感知、理解并习得弱连标记，同时模仿汉语母语者创造性地使用这类标记。

综上所述，本研究重点分析了留学生弱连标记策略，并探讨了策略形成的原因，这些研究发现对汉语作为第二语言的教学具有启示作用，有利于引导国内汉语教学利用目的语环境，在课堂教学和课外实践中提高弱连标记的学习和习得水平，从而提高留学生的汉语语用能力。

三、 余论

留学生弱连标记策略丰富多样，而影响弱连标记策略形成的因素纷繁复杂。本人对弱连标记的理解和把握较为有限，对留学生弱连标记策略的研究仍处于探索阶段，研究存在一些局限：

（1）本研究的留学生独白语料是在留学生录音的基础上转写而成的。尽管说话人单独在一个房间内完成录音，现场没有采录人员的干扰，但是作为二语学习者，留学生面对独白任务，使用汉语进行长篇幅的话语表达时，仍然会感到压力，而这种压力会导致说话人心理紧张，对言语输出的监控力度会不自觉地加大。

在这种情况下，独白与真正意义上的自然口语存在一定差距，而弱连标记是在自然口语中更加活跃的话语成分。因此，基于现有语料的研究结果并不能完全代表留学生自然口语中的弱连标记策略。如果能够融入留学生的汉语生活，在真实的社会情境中获得他们使用汉语进行交际的自然口语语料，那么有关弱连标记策略的研究将更具代表性，也更有普遍意义。

（2）从总体上看，参与本研究的留学生来自汉字文化圈国家和欧美国家。不过，留学生的母语文化背景并不十分单纯，汉字文化圈国家留学生的母语包括日语、韩国语和越南语，欧美国家留学生的母语包括英语、法语、俄语、荷兰语、意大利语、西班牙语以及罗马尼亚语等。

研究发现，留学生的母语文化背景显著影响弱连标记策略。换言之，说话人在使用这类标记时受到母语系统中话语标记用法的迁移影响。然而，本研究中留学生的母语文化背景不够统一，而且仅收集了留学生使用汉语的独白语料，没有收集他们使用自己母语完成相同独白任务的语料，加之我们能接触到的外语语种有限，因此，本研究对母语文化背景影响弱连标记策略的分析只停留在东西方大的文化差异之上，并且仅讨论了英语的语用迁移，没有深入到留学生母语对弱连标记使用的具体影响，没有对比说话人母语和汉语独白中弱连标记的使用差异，没能从语言类型学的角度进行深入探讨。

（3）本研究中留学生说话人共计 80 人，当我们对这部分留学生弱连标记策略的形成进行多因素分析时，受到人数的限制，不同组别虽然划分角度不同，但是会出现人员重合的问题。比如，有一部分说话人既属于自然口语接触密度较大的一组，同时也属于汉语水平较高的一组，在分析接触密度与弱连标记策略以及汉语水平与弱连标记策略之间的关系时，存在这一部分说话人的使用情况对最后的统计结果产生影响的可能性，也很难厘清到底是接触密度还是语言水平在发挥作用。因此，如果说话人数量再多一些，做到每个组别内的留学生数量相同，但是构成不同，避免人员重合，那么研究结果更能明确单个影响因素的重要作用。

基于目前的研究情况，我们在后续研究中会重点关注以下几个方面：

（1）本研究基于留学生独白语料，弱连标记主要发挥语篇组织功能。对话与独白是两种不同的口语形式，弱连标记在对话语料中除了话轮内部的话语组织功能以外，在话轮之间也具有重要的衔接作用，那么它发挥了什么样的人际互动功能？对话中，弱连标记表现出哪些不同于独白的使用特征？哪些因素会影响这一特征的形成？这类标记在留学生之间的对话以及留学生与汉语母语者之间的对话中是否存在使用差异？我们将采集留学生内部及其与汉语母语者的对话语料，收集相关数据，展开研究，并回答上述几个问题。

（2）本研究对说话人的母语文化背景只做了汉字文化圈和欧美语言文化差异的分类，在留学生使用弱连标记时，没能就单一母语的语用迁移问题进行深入探讨。因此，我们将采集同一母语文化背景的留学生口语语料，包括其使用母语的独白语料和使用汉语的独白语料，从中识别具有相同逻辑语义的连词及其话语标记用法，考察这些对等表达在话语位置、话语功能及功能分布等方面是否存在差异，从而揭示母语系统中弱连标记用法影响汉语弱连标记策略的规律性特征。

（3）本研究是对高级汉语水平留学生弱连标记策略的讨论，属于共时层面的静态描写与分析。高级汉语水平留学生使用的弱连标记的数量、种类、功能等是比较丰富的。不过，这并不意味着初级和中级汉语水平留学生不会使用这类标记。因此，我们将追踪长期汉语学习者的学习过程，采集从初级、中级到高级阶段的口语语料，进行弱连标记策略的历时研究，考察这一策略的发展与变化，探求影响这类标记习得与使用的具体因素，并以此为例，描绘汉语话语标记的习得和发展轨迹。

（4）在本研究中，我们发现留学生弱连标记存在性别策略。男女留学生主要表现出语用功能差异，在使用数量及频率以及单独标记偏好方面没有明显不同。但是，有研究发现汉语母语者话语标记使用存在社会变异。本研究基于80个留学生的独白语料，没有发现社会语用变异，如果留学生数量足够多，语料规模足够大，这一变异是否会显现？还会有哪些影响留学生弱连标记策略的社会因素出现？我们将扩大研究对象的数量规模，在社会语言学视域下，研究话语标记的社会语用问题，探求上述问题的答案。

总之，随着国际中文教育事业在全球范围内的发展，来华留学生中高级汉语水平学习者数量不断增加。这部分留学生已经掌握了基本的汉语语法和常用词汇，急需提高口语表达的流畅度和得体性。弱连标记是口语表达中组织语篇的重要手段，研究留学生弱连标记策略，对于探讨留学生汉语中介语语用特征，分析话语标记习得与使用的影响因素，提高留学生汉语口语的自然度和本土化水平，具有一定的理论价值和实践意义。

参考文献

期刊论文

［1］曹秀玲.从主谓结构到话语标记——"我/你V"的语法化及相关问题［J］.汉语学习，2010（5）.

［2］曹秀玲，辛慧.话语标记的多源性与非排他性——以汉语超预期话语标记为例［J］.语言科学，2012（3）.

［3］董秀芳.词汇化与话语标记的形成［J］.世界汉语教学，2007（1）.

［4］董秀芳.来源于完整小句的话语标记"我告诉你"［J］.语言科学，2010（5）.

［5］方梅.自然口语中弱化连词的话语标记功能［J］.中国语文，2020（5）.

［6］高海虹.交际策略能力研究报告［J］.外语教学与研究，2000（1）.

［7］高一虹.语言能力与语用能力的联系——中国、拉美学生在英语字谜游戏中的交际策略对比［J］.现代外语，1992（2）.

［8］高增霞.自然口语中的话语标记"回头"［J］.中国社会科学院研究生院学报，2004（1）.

［9］高增霞.自然口语中的话语标记"完了"［J］.语文研究，2004（4）.

［10］郭风岚.北京话话语标记"这个""那个"的社会语言学分析［J］.中国语文，2009（5）.

［11］郭晓麟."真是的"负面评价功能探析［J］.语言教学与研究，2015（1）.

［12］何安平，徐曼菲.中国大学生英语口语Small Words的研究［J］.外语教学与研究，2003（6）.

［13］何莲珍，刘荣君.基于语料库的大学生交际策略研究［J］.外语研究，2004（1）.

［14］胡建峰.试析具有证言功能的话语标记"这不"［J］.世界汉语教学，2010（4）.

［15］胡习之，高群.试析会话结束语"就这样吧"［J］.当代修辞学，2015（3）.

［16］黄彩玉，谢红宇.母语为俄语的学习者对汉语话语标记习得的文化迁移模式［J］.外语学刊，2018（4）.

［17］黄大网.话语标记研究综述［J］.福建外语，2001（1）.

［18］蒋亚娟.母语会话策略对外语交际能力的影响［J］.语文学刊（外语教育教学），2015（1）.

［19］阚明刚，侯敏.话语标记语体对比及其对汉语教学的启示［J］.语言教学与研究，2013（6）.

［20］孔京京.开展交际策略教学的一项研究［J］.外语界，2004（5）.

［21］孔蕾，秦洪武."说X"的形成：语法化、词汇化和语用化的互动［J］.汉语学报，2018（2）.

［22］乐耀.从"不是我说你"类话语标记的形成看会话中主观性范畴与语用原则的互动［J］.世界汉语教学，2011（1）.

［23］李美霞.话语类型研究的回顾与思考［J］.外语与外语教学，2000（11）.

［24］李民，陈新仁.英语专业学生习得话语标记语WELL语用功能之实证研究［J］.外语教学与研究，2007（1）.

［25］李思旭.从词汇化、语法化看话语标记的形成——兼谈话语标记的来源问题［J］.世界汉语教学，2012（3）.

［26］李先银.基于自然口语的话语否定标记"真是"研究［J］.语言教学与研究，2015（3）.

［27］李咸菊.北京话话语标记"是不是""是吧"探析［J］.语言教学与研究，2009（2）.

［28］李宇明.拟对话语境中的"是的"［J］.第五届国际汉语教学讨论会论文选，1997.

［29］李宗江."看你"类话语标记分析［J］.语言科学，2009（3）.

［30］李宗江.关于话语标记来源研究的两点看法——从"我说"类话语标记的来源说起［J］.世界汉语教学，2010（2）.

［31］林意新，李雪.交际策略研究新探——一项影响交际策略使用因素的实证研究［J］.外语学刊，2009（1）.

［32］刘建军.同声传译中交际策略的使用及其与口译成绩的关系——一项基于学生口译考试语料的实证研究［J］.外语界，2009（4）.

［33］刘丽艳.跨文化交际中话语标记的习得与误用［J］.汉语学习，2006（4）.

［34］刘丽艳.话语标记"你知道"［J］.中国语文，2006（5）.

［35］刘丽艳.汉语会话中非母语者对话语标记的选择偏好及原因分析——以韩国学生汉语交际为例［J］.宁夏大学学报（人文社会科学版），2015（3）.

［36］刘丽艳.跨语言交际中"因为"的使用分布及其功能变异——以母语为韩国语和英语者为例［J］.北方论丛，2017（2）.

［37］刘丽艳.跨语言交际中话语标记"所以"的功能使用及其分布特征——以母语为韩语者和英语者为例［J］.张旺熹.汉语国际教育学报（第二辑），2017.

［38］罗琭昕.《康熙来了》话语标记"所以""这样"［J］.文学教育（下），2012（8）.

［39］聂丹.汉语口语测试任务的体裁难度评估［J］.语言教学与研究，2012（3）.

［40］聂丹.普通话水平测试体裁难度层级探析［J］.湖南大学学报（社科版），2012（3）.

［41］潘凤翔.话语标记语"so"和"所以"的语用功能对比分析［J］.海外英语，2017（4）.

［42］冉永平.话语标记语的语用学研究综述［J］.外语研究，2000（4）.

［43］邵敬敏，朱晓亚."好"的话语功能及其虚化轨迹［J］.中国语文，2005（5）.

［44］沈家煊.语言的"主观性"和"主观化"［J］.外语教学与研究，2001（4）.

［45］盛银花."还有"的连接功能及其词汇化［J］.语言研究，2007（4）.

［46］施家炜.国内汉语第二语言习得研究二十年［J］.语言教学与研究，2006（1）.

［47］宋晖.论话语标记的概念界定与语料选择［J］.中国外语，2017（4）.

［48］孙利萍.汉语话语标记的类型及功能研究综观［J］.汉语学习，2011（6）.

［49］孙雁雁.从教学角度观察话语标记语在语篇中的使用——以话语标记语"看来""看起来"为例［J］.北京邮电大学学报（社会科学版），2014（4）.

［50］唐毅.文化背景和汉语水平对外国留学生汉语口语交际策略使用的影响［J］.现代外语，2016（2）.

［51］田金平，张学刚.非英语专业学生小组讨论中使用交际策略的研究［J］.外语界，2005（3）.

［52］田婷.自然会话中"其实"的话语标记功能及言者知识立场［J］.汉语学习，2017（4）.

［53］涂勤建，武俐，胡峰.试论教师支持和交际策略引导对外语焦虑的影响——以日语学习为例［J］.兰州教育学院学报，2016（8）.

［54］王恩旭.话语标记"告诉你"的语义解释［J］.汉语学习，2018（2）.

［55］王凤兰，方清明.论话语标记"这样一来"的语用功能［J］.语言教学与研究，2015（2）.

［56］王嘉.浅谈外语教学中跨文化交际策略的培养［J］.当代教研论丛，2017（9）.

［57］王君，朱明艳.真实性语言实践活动对大学生外语交际策略和听说能力的影响［J］.兵团教育学院学报，2014（5）.

［58］王立非.大学生英语口语课交际策略教学的实验报告［J］.外语教学与研究，2002（6）.

［59］王立非，祝卫华.中国学生英语口语中话语标记语的使用研究［J］.外语研究，2005（3）.

［60］王莉梅.EFL 学习者习得交际策略的性别差异研究［J］.外语与外语教学，2008（8）.

［61］王志英.话语标记"拉倒吧"的形成和功能——兼谈"拉倒"的词汇化与语法化［J］.励耘语言学刊，2016（1）.

［62］吴福祥.汉语语法化研究的当前课题［J］.语言科学，2005（2）.

［63］吴潜龙.关于二语习得过程的认知心理分析［J］.外语教学与研究，2000（4）.

［64］吴晓芳，殷树林.说"那么"［J］.福州大学学报（哲学社会科学版），2012（5）.

［65］徐捷.中国英语学习者话语标记语 you know 习得实证研究［J］.外语教

学理论与实践，2009（3）.

［66］徐小波.话语标记"怎么着"语用探析［J］.汉语学习，2014（5）.

［67］许峰.二语交际策略、自我效能和交流意愿的相关性研究［J］.林区教学，2012（1）.

［68］许家金.汉语自然会话中"然后"的话语功能分析［J］.外语研究，2009（2）.

［69］玄玥.话语标记"当然"的语法化［J］.语文研究，2017（4）.

［70］闫丽萍，雷晔.汉语口语交际策略使用的差异性研究——以吉尔吉斯斯坦奥什国立大学汉语学习者为例［J］.新疆师范大学学报（哲学社会科学版），2011（4）.

［71］杨国萍.话语标记语"你懂的"的演变及功能研究［J］.华文教学与研究，2016（2）.

［72］姚双云.口语中"所以"的语义弱化与功能扩展［J］.汉语学报，2009（3）.

［73］姚双云，姚小鹏.自然口语中"就是"话语标记功能的浮现［J］.世界汉语教学，2012（1）.

［74］殷树林.说话语标记"不是"［J］.汉语学习，2011（1）.

［75］殷树林.论话语标记的形成［J］.湖南科技大学学报（社会科学版），2012（2）.

［76］殷树林.话语标记的性质特征和定义［J］.外语学刊，2012（3）.

［77］于晖.语篇体裁分析与系统网络［J］.外语与外语教学，2000（10）.

［78］曾路，李超.运用仿真情景对话培养英语口头交际能力——交际策略训练试验报告［J］.外语界，2005（4）.

［79］张宏国."糟了"的语义演变与语法化［J］.汉语学习，2016（6）.

［80］张劲松.文化身份的内涵与要素［J］.天津社会科学，2015（5）.

［81］赵岩.中国英语学习者英语口语话语标记语习得研究［J］.教育观察，2018（4）.

［82］郑群.话语标记语的社会语用研究［J］.现代外语（双月刊），2014（4）.

［83］周树江，王洪强.论话语标记语的语法化机制［J］.外语教学，2012（5）.

［84］Aguado K. Kognitive Konstituenten der mündlichen Produktion in der Fremdsprache: Aufmerksamkeit, Monitoring und Automatisierung［J］. Fremdsprachen Lehren und Lernen, 2003（32）.

［85］Buysse L. So as a multifunctional discourse marker in native and learner speech ［J］. Journal of Pragmatics, 2012, 44（13）.

［86］Canale M & Swain M. Theoretical bases of communicative approaches to second language teaching and testing［J］. Applied Linguistics, 1980（1）.

［87］Corder P. Simple codes and the source of the second language learner's initial heuristic hypothesis［J］. Studies in Second Language Acquisition, 1977 （1）.

［88］Dalili M V, Dastjerdi H V. A contrastive corpus-based analysis of the frequency of discourse markers in NE and NNE media discourse: Implications for a "universal discourse competence"［J］. Corpus Linguistics and Linguistic Theory, 2013（1）.

［89］Edmondson W R. Output als autonomes lernen: Spracherwerb und Sprachproduktion aus kognitiver sicht［J］. Fremdsprachen Lehren und Lernen, 2003（32）.

［90］Ellis N. Frequency effects in language processing: A review with implications for the theories of implicit and explicit language acquisition［J］. Studies in Second Language Acquisition, 2002（24）.

［91］Escalera E A. Gender differences in children's use of discourse markers: Separate worlds or different contexts?［J］. Journal of Pragmatics, 2009, 41 （12）.

［92］Fraser B. What are discourse markers?［J］.Journal of Pragmatics, 1999, 31 （7）.

［93］Fuller J. Discourse marker use across speech contexts: a comparison of native and non-native speaker performance［J］. Multilingua, 2003（22）.

［94］Furman R, Ozyurek A. Development of interactional discourse markers: Insights from Turkish children's and adults' oral narratives［J］. Journal of

Pragmatics, 2007, 39（10）.

［95］Han D H. Utterance production and interpretation: A discourse-pragmatic study on pragmatic markers in English public speeches［J］. Journal of Pragmatics, 2011, 43（11）.

［96］Hellermann J, Vergun A. Language which is not taught: The discourse marker use of beginning adult learners of English［J］. Journal of Pragmatics, 2007, 39（1）.

［97］House J. Developing pragmatic fluency in English as a foreign language: Routines and metapragmatic awareness［J］. Studies in Second Language Acquisition, 1996（18）.

［98］Jucker A H. The discourse Marker Well: A Relevance-theoretical Account ［J］. Journal of Pragmatics, 1993, 19（5）.

［99］Kasper G. Kommunikationsstrategien in der interimsprachlichen Prodiktion ［J］. Die Neueren Sprachen, 1982, 81（6）.

［100］Landone E. Discourse markers and politeness in a digital forum in Spanish ［J］. Journal of Pragmatics, 2012, 44（13）.

［101］Liao S. Variation in the use of discourse markers by Chinese teaching assistants in the US［J］. Journal of Pragmatic, 2009, 41（7）.

［102］Maschler Y, Dori-Hacohen G. From sequential to affective discourse marker: Hebrew nu on Israeli political phone-in radio programs［J］. Discourse Studies, 2012（4）.

［103］Nor S N M. Discourse markers in turn-initial positions in interruptive speech in a Malaysian radio discourse［J］. Multilingua-Journal of Cross-Cultural and Interlanguage Communication, 2012（1）.

［104］Ostman J O. The symbiotic relationship between pragmatic particles and impromptu speech［J］. Nils Erik Enkvist, 1982（33）.

［105］Redeker G. Linguistic markers of discourse structure［J］. Linguistics, 1991（29）.

［106］Sankoff G，Thibault P，Nagy N，Blondeau H，Fonollosa M，Gagnon L. Variation in the use of discourse markers in a language contact situation［J］. Language Variation and Change，1997（9）.

［107］Selinker L. Interlanguage［J］. IRAL，1972，10（3）.

学术专著

［1］彼得·特鲁杰.性别、潜在声望和诺里奇市英国英语的变化［M］//祝畹瑾.社会语言学译文集.北京：北京大学出版社，1985.

［2］曹秀玲.汉语话语标记多视角研究［M］.北京：中国社会科学出版社，2016.

［3］崔永华.对外汉语教学设计导论［M］.北京：北京语言大学出版社，2008.

［4］郭风岚.宣化方言及其时空变异研究［M］.北京：语文出版社，2007.

［5］郭晓麟.基于汉语作为第二语言教学的汉语语法功能探索［M］.北京：世界图书出版公司，2019.

［6］劲松.现代汉语轻声动态研究［M］.北京：民族出版社，2002.

［7］刘滨梅.英语话语标记使用的习得研究［M］.天津：南开大学出版社，2015.

［8］刘丽艳.汉语话语标记研究［M］.北京：北京语言大学出版社，2011.

［9］刘森林.语用策略［M］.北京：社会科学文献出版社，2007.

［10］吕叔湘.中国文法要略［M］.北京：商务印书馆，1956.

［11］王颖频.交际策略与外语口语交际能力［M］.上海：上海译文出版社，2011.

［12］许家金.青少年汉语口语中话语标记的话语功能研究［M］.北京：外语教学与研究出版社，2009.

［13］姚双云.关联标记的语体差异性研究［M］.北京：世界图书出版公司，2017.

［14］张敏.认知语言学与汉语名词短语［M］.北京：中国社会科学出版社，1998.

［15］张世方.北京官话语音研究［M］.北京：北京语言大学出版社，2010.

［16］赵蓉晖.语言与性别——口语的社会语言学研究［M］.上海：上海外语教育出版社，2003.

［17］郑贵友.汉语篇章语言学［M］.北京：外文出版社，2002.

［18］Aijmer K.English Discourse Particles: Evidence from a Corpus［M］.

Amsterdam/Philadelphia: John Benjamins Publishing Company, 2002.

[19] Andersen G. Pragmatics markers and sociolinguistic variation: A relevance-theoretic approach to the language of adolescents [M]. Amsterdam/Philadelphia: John Benjamins, 2001.

[20] Bachman L F. Fundamental consideration in language testing [M]. Oxford: OUP, 1990.

[21] Bachman L F. Fundamental consideration in language testing [M]. Shanghai: Shanghai Foreign Language Education Press, 1999.

[22] Bialystok E. Communication strategies [M]. Oxford: Blackwell, 1990.

[23] Blakemore D. Semantic Constraints on Relevance [M]. Oxford: Blackwell, 1987.

[24] Blakemore D. Understanding Utterance [M].Oxford: Blackwell, 1992.

[25] Brinton L J. Pragmatic Marker in English: Grammaticalization and Discourse Functions [M]. Berlin: Mouton de Gruyter, 1996.

[26] Brown H. Principles of language learning and teaching [M].2nd ed. Englewood Cliffs, NJ: Prentice Hall, 1987.

[27] Brown P, Levinson S. Politeness: Some universals in language usage [M]. London: Cambridge University Press, 1987.

[28] Coates J. Women, men and language [M]. 2nd ed. London & New York: Longman, 1993.

[29] Ellis R.Understanding second language acquisition [M]. Oxford: Oxford University Press, 1985.

[30] Ellis R. The study of second language acquisition [M].2nd ed. Shanghai: Shanghai Foreign Language Education Press, 2013.

[31] Halliday M A K, Hasan R. Cohesion in English [M]. London: Longman, 1976.

[32] Halliday M A K, Matthiessen C M I. An Introduction to Functional Grammar [M]. London: Arnold, 2004.

[33] Hedge T. Teaching and learning in the language classroom [M]. Oxford:

Oxford University Press, 2000.

[34] Kasper G, Blum-kulka S. Interlanguage pragmatics: An introduction In Interlanguage pragmatics [M]. Oxford: Oxford University Press, 1993.

[35] LoCastro V. An introduction to pragmatics: Social action for language teachers [M]. Ann Arbor: The University of Michigan Press, 2003.

[36] Mesthrie R, Swann J, Deumert A & Leap W L. Introducing sociolinguistics [M]. Philadelphia: John Benjamins, 2000.

[37] Müller S. Discourse markers in native and non-native English discourse [M]. Amsterdam/Philadelphia: John Benjamins, 2005.

[38] Odlin T. Language transfer [M]. Cambridge: Cambridge University Press, 1989.

[39] Onodera Noriko O. Japanese Discourse Markers [M]. Tokyo: Aoyama Gakuin University, 2004.

[40] Savignon S J. Communicative competence: Theory and classroom practice, reading [M]. MA: Addison-Wesley Publishing Company, 1983.

[41] Shiffrin D. Discourse markers [M]. Cambridge: Cambridge University Press, 1987.

[42] Sperber D, Wilson D. Relevance: Communication and Cognition [M]. Oxford: Blackwell, 1986.

[43] Stern H H. Fundamental concepts of language teaching [M]. Oxford: Oxford University Press, 1983.

[44] Tannen D. You just don't understand—Women and men in conversation [M]. New York: Little Brown, 1992.

[45] Taylor J. Linguistic Categorization: Prototypes in Linguistic Theory [M]. Beijing: Foreign Language Teaching and Research Press, 2003.

[46] Verschueren Jef. Understanding Pragmatics [M]. Beijing: Foreign Language Teaching and Research Press, 2000.

专著中析出的文献

［1］Bayley R. Competing constrains on variation in the speech of adult Chinese learners of English ［M］.Second language acquisition and linguistic variation. Amsterdam/Philadelphia: John Benjamins，1996.

［2］Canale M. From communicative competence to communicative language pedagogy ［M］. Language and Communication. London: Longman，1983.

［3］Cutting J. Spoken discourse ［M］. Continuum Companion to Discourse Analysis. London: Continuum，2010.

［4］Faerch C & Kasper G. Plans and strategies in foreign language communication ［M］. Strategies in interlanguage communication. London: Longman，1983.

［5］Feagin C. Entering the community: Fieldwork ［M］. The handbook of language variation and change. New Jersey: Blackwell publishing Ltd，2002.

［6］Halliday M A K. Language structure and language function ［M］. New horizon in linguistics. Harmondsworth: Penguin，1970.

［7］Haastrup K，Phillipson R. Achievement strategies in learner/native speaker interaction ［M］.Strategies in interlanguage communication. London: Longman，1983.

［8］Hays P R. Discourse markers and L2 acquisition ［C］. Proceedings of the twelfth second language research forum. East Lansing: Michigan State University，1992.

［9］Hymes D H. On communicative competence ［M］.Sociolinguistics. Harmondsworth: Penguin Education，1972.

［10］Kellerman E. Compensatory strategies in second language research: A critique, a revision，and some（non-）implications for the classroom ［M］. Foreign/Second language pedagogy research. Clevedon，UK: Multilingual Matters，1991.

［11］Labov W. Field method of the project on linguistic change and variation ［M］. Language in use. Englewood Cliff，NJ: Prentice-Hall，1984.

［12］Lee H. Discourse marker use in native and non-native English speakers ［M］.

Discourse across languages and cultures. Amsterdam/Philadelphia: John Benjamins, 2004.

[13] Milroy L. Social network [M]. The handbook of language variation and change. New Jersey: Blackwell publishing Ltd, 2002.

[14] Odlin T. Cross-Linguistic influence [M]. The handbook of second language acquisition. London: Blackwell Publishing, 2003.

[15] Pawley A, Syder F. Two puzzles for linguistic theory: Nativelike selection and nativelike fluency [M]. Language and Communication. London: Blackwell Longman, 1983.

[16] Tarone E. Communication strategies, foreigner talk, and repair in interlanguage [M]. Language Learning, 1980.

博士学位论文

［1］吉晖.现代汉语话语标记的多视角研究［D］.武汉：武汉大学，2014.

［2］李先银.现代汉语话语否定标记研究［D］.北京：北京语言大学，2013.

［3］李咸菊.北京口语常用话语标记研究［D］.北京：北京语言大学，2008.

［4］Charles M. Discourse Markers in Mandarin Chinese［D］. Columbus:The Ohio state University, 1991.

硕士学位论文

［1］柴冉.初级水平留学生汉语口语交际策略与教学研究［D］.上海：上海师范大学，2014.

［2］董有贤.初级汉语综合课教师话语标记使用情况研究［D］.北京：北京外国语大学，2018.

［3］郝瑜鑫."就是"功能的辐射状范畴构拟与留学生习得研究［D］.北京：北京语言大学，2013.

［4］贺微微.对外汉语口语教学中的话语标记［D］.武汉：华中科技大学，2013.

［5］黄程珠.高级水平汉语学习者话语标记实证研究——以电视谈话类节目《世界青年说》为语料［D］.北京：中央民族大学，2018.

［6］雷晔.吉尔吉斯斯坦奥什国立大学汉语学习者汉语口语交际策略调查研究［D］.乌鲁木齐：新疆师范大学，2010.

［7］李方艳.影响交际策略的因素研究［D］.乌鲁木齐：新疆大学，2016.

［8］李睿.日本留学生汉语交际策略研究［D］.北京：北京语言大学，2008.

［9］梁旭.留学生汉语口语对比话语标记的运用研究［D］.武汉：华中师范大学，2014.

［10］刘炎.中级水平韩国留学生汉语口语交际策略研究［D］.上海：华东师范大学，2009.

［11］刘周莉.不同英语水平学习者的口语焦虑与交际策略使用的相关性研究

［D］.兰州：兰州交通大学，2013.

［12］庞恋蕴.基于对外汉语教学的话语标记语考察与研究［D］.济南：山东大学，2011.

［13］孙大平.社会媒介场域话语符号权力的探索与反思——以新浪微博为例［D］.合肥：中国科学技术大学，2011.

［14］汪汇洋.话语标记在对外汉语口语课堂中的教学策略［D］.新乡：河南师范大学，2017.

［15］王泠懿.中级对外汉语口语教材中话语标记研究［D］.北京：北京外国语大学，2014.

［16］吴雪梅.不同环境下的汉语学习者交际策略对比研究［D］.乌鲁木齐：新疆大学，2016.

［17］夏钰.中级水平美国留学生汉语口语交际策略研究［D］.南京：南京大学，2012.

［18］徐晓旭.影响来华留学生使用汉语交际策略的个体因素调查［D］.大连：大连外国语大学，2018.

［19］杨德霞.基于对外汉语口语教材的话语标记语研究及其教学启示［D］.济南：山东大学，2012.

［20］杨琼.非洲学生与日韩学生汉语口语交际策略对比研究［D］.上海：上海师范大学，2020.

［21］姚敏.非目的语环境下学习者汉语口语交际策略研究——以韩国东亚大学为例［D］.兰州：兰州大学，2017.

［22］张靖会.基于口语互动的高级汉语学习者交际策略研究［D］.北京：中央民族大学，2018.

［23］张雅楠.不同环境下的学习者汉语口语交际策略使用研究［D］.上海：华东师范大学，2010.

［24］赵尹荣.上海外国语大学中高级留学生汉语口语交际策略的实验研究［D］.上海：上海外国语大学，2019.

［25］钟亚.外国留学生汉语后置关联标记习得研究［D］.南京：南京师范大学，2016.

工具书

［1］吕叔湘．现代汉语八百词（增订本）［M］．北京：商务印书馆，2005.

［2］中国社会科学院语言研究所词典编辑室．现代汉语词典［M］.7 版 . 北京：商务印书馆，2016.

教材 / 大纲

［1］岑玉珍．发展汉语高级综合：第 1 册［M］.2 版 . 北京：北京语言大学出版社，2012.

［2］冯启忠．实用英语写作教程［M］．北京：北京大学出版社，1999.

［3］高增霞，游舒．发展汉语高级综合：第 2 册［M］.2 版 . 北京：北京语言大学出版社，2012.

［4］国家汉语国际推广领导小组办公室．国际汉语能力标准［M］．北京：外语教学与研究出版社，2007.

［5］孔子学院总部 / 国家汉办 .HSK 考试大纲：五级［M］．北京：人民教育出版社，2015.

［6］孔子学院总部 / 国家汉办 .HSK 考试大纲：六级［M］．北京：人民教育出版社，2015.

［7］李晓琪．博雅汉语［M］．北京：北京大学出版社，2009.

［8］欧洲理事会文化合作教育委员会．欧洲语言共同参考框架：学习、教学、评估［M］．北京：外语教学与研究出版社，2008.

［9］邱军．"成功之路" 系列教材［M］．北京：北京语言大学出版社，2008.

［10］荣继华．发展汉语初级综合：第 1 册［M］.2 版 . 北京：北京语言大学出版社，2011.

［11］徐桂梅．发展汉语初级综合：第 2 册［M］.2 版 . 北京：北京语言大学出版社，2012.

附录

附录1：留学生的具体信息

编号	性别	年龄	国籍	汉语水平	来华时间	自然口语接触密度	职业背景
1	男	21	日本	五级	一年半以内	小	学生
2	男	21	韩国	五级	一年半以上	小	学生
3	女	22	韩国	五级	一年半以内	小	学生
4	女	35	韩国	六级	一年半以上	大	职员
5	女	22	韩国	六级	一年半以上	大	学生
6	女	33	越南	六级	一年半以上	大	职员
7	女	22	韩国	五级	一年半以上	大	学生
8	女	25	韩国	六级	一年半以内	小	职员
9	女	21	韩国	五级	一年半以内	小	学生
10	女	22	日本	六级	一年半以上	小	学生
11	女	21	日本	五级	一年半以内	小	学生
12	女	20	韩国	五级	一年半以上	大	学生
13	男	26	韩国	六级	一年半以上	小	职员
14	男	25	韩国	六级	一年半以上	大	职员
15	女	22	韩国	六级	一年半以内	大	学生
16	男	24	日本	五级	一年半以内	小	职员
17	男	21	日本	五级	一年半以内	大	学生
18	女	27	日本	六级	一年半以上	小	职员
19	男	21	日本	五级	一年半以内	大	学生
20	女	22	韩国	六级	一年半以内	大	学生
21	男	25	日本	六级	一年半以上	大	职员
22	男	24	韩国	五级	一年半以内	大	职员
23	女	22	韩国	五级	一年半以上	小	学生
24	女	21	日本	五级	一年半以内	小	学生
25	女	25	日本	六级	一年半以内	大	职员
26	女	22	日本	五级	一年半以内	大	学生
27	女	24	日本	六级	一年半以上	小	职员

（续表）

编号	性别	年龄	国籍	汉语水平	来华时间	自然口语接触密度	职业背景
28	女	20	韩国	五级	一年半以内	小	学生
29	女	21	日本	五级	一年半以内	小	学生
30	男	35	日本	五级	一年半以内	大	职员
31	男	23	越南	五级	一年半以上	小	学生
32	女	25	日本	六级	一年半以上	大	职员
33	男	26	越南	六级	一年半以内	大	职员
34	男	22	日本	五级	一年半以内	小	学生
35	男	35	韩国	五级	一年半以上	大	职员
36	男	32	越南	六级	一年半以上	小	职员
37	女	21	日本	六级	一年半以内	大	学生
38	男	27	日本	六级	一年半以内	小	职员
39	男	26	日本	五级	一年半以内	小	职员
40	女	23	越南	五级	一年半以内	小	学生
41	女	24	越南	六级	一年半以内	大	职员
42	女	23	越南	五级	一年半以内	小	学生
43	女	20	乌克兰	五级	一年半以内	小	学生
44	女	22	荷兰	五级	一年半以内	小	学生
45	女	22	荷兰	五级	一年半以内	小	学生
46	男	25	法国	五级	一年半以内	大	职员
47	男	28	意大利	五级	一年半以上	大	职员
48	女	21	乌克兰	五级	一年半以上	小	学生
49	女	21	俄罗斯	五级	一年半以内	小	学生
50	女	27	俄罗斯	六级	一年半以上	小	职员
51	女	22	荷兰	五级	一年半以内	小	学生
52	女	21	英国	五级	一年半以内	小	学生
53	女	33	英国	六级	一年半以上	小	职员
54	男	28	瑞典	六级	一年半以上	大	职员
55	男	24	法国	五级	一年半以内	小	学生
56	女	20	俄罗斯	六级	一年半以内	小	学生

（续表）

编号	性别	年龄	国籍	汉语水平	来华时间	自然口语接触密度	职业背景
57	女	23	美国	五级	一年半以内	小	学生
58	男	22	法国	六级	一年半以内	小	学生
59	女	26	葡萄牙	六级	一年半以上	大	职员
60	女	23	俄罗斯	五级	一年半以内	小	学生
61	女	21	罗马尼亚	六级	一年半以内	大	学生
62	男	26	荷兰	六级	一年半以上	大	职员
63	男	23	荷兰	六级	一年半以内	大	职员
64	男	20	俄罗斯	五级	一年半以内	小	学生
65	女	26	美国	六级	一年半以上	小	职员
66	女	24	捷克	六级	一年半以上	大	学生
67	男	24	乌克兰	五级	一年半以上	小	职员
68	女	25	意大利	五级	一年半以上	大	职员
69	女	22	西班牙	五级	一年半以内	小	学生
70	男	24	加拿大	六级	一年半以上	小	职员
71	女	26	俄罗斯	六级	一年半以上	大	职员
72	女	25	美国	五级	一年半以上	小	职员
73	女	23	英国	五级	一年半以内	小	学生
74	男	37	法国	五级	一年半以上	小	职员
75	女	23	俄罗斯	六级	一年半以上	大	职员
76	女	26	丹麦	六级	一年半以上	大	职员
77	男	23	英国	六级	一年半以内	小	学生
78	男	22	美国	六级	一年半以上	大	职员
79	男	27	西班牙	五级	一年半以上	大	职员
80	男	30	西班牙	五级	一年半以上	大	职员

附录2：汉语母语者的基本信息

编号	性别	年龄	专业	职业
1	男	30	汉语国际教育	教师
2	男	26	汉语国际教育	教师
3	男	25	汉语国际教育	教师
4	男	31	教育技术	教师
5	男	24	汉语国际教育	学生
6	男	23	汉语国际教育	学生
7	男	22	汉语国际教育	学生
8	男	22	汉语国际教育	学生
9	男	23	汉语国际教育	学生
10	男	21	汉语国际教育	学生
11	男	26	汉语国际教育	教师
12	男	23	汉语国际教育	学生
13	男	23	汉语国际教育	学生
14	男	23	汉语国际教育	学生
15	男	25	英语	教师
16	男	23	汉语国际教育	学生
17	男	24	汉语国际教育	学生
18	男	22	语言学	学生
19	男	25	日语	教师
20	男	24	汉语国际教育	学生
21	男	24	汉语国际教育	学生
22	男	24	汉语国际教育	学生
23	男	29	汉语国际教育	教师
24	男	24	俄语	学生
25	男	28	汉语国际教育	教师
26	男	26	汉语国际教育	教师
27	男	35	汉语国际教育	教师
28	男	29	汉语国际教育	教师

（续表）

编号	性别	年龄	专业	职业
29	男	25	新闻	学生
30	男	28	汉语国际教育	教师
31	女	23	汉语国际教育	学生
32	女	25	汉语国际教育	学生
33	女	25	文学	学生
34	女	23	汉语国际教育	学生
35	女	26	法语	教师
36	女	27	汉语国际教育	教师
37	女	28	新闻	教师
38	女	24	汉语言文字学	学生
39	女	25	汉语国际教育	学生
40	女	23	文学	学生
41	女	26	汉语国际教育	学生
42	女	29	汉语国际教育	学生
43	女	23	汉语国际教育	学生
44	女	23	汉语国际教育	学生
45	女	25	汉语国际教育	学生
46	女	28	日语	教师
47	女	27	汉语国际教育	教师
48	女	27	汉语国际教育	教师
49	女	29	语言学	学生
50	女	23	汉语国际教育	学生
51	女	30	汉语国际教育	教师
52	女	22	语言学	学生
53	女	22	汉语国际教育	学生
54	女	26	汉语国际教育	教师
55	女	25	文学	学生
56	女	25	汉语国际教育	教师
57	女	23	汉语国际教育	学生
58	女	25	汉语国际教育	学生
59	女	24	汉语国际教育	学生

（续表）

编号	性别	年龄	专业	职业
60	女	23	汉语国际教育	学生
61	女	23	汉语国际教育	学生
62	女	23	汉语国际教育	学生
63	女	23	汉语国际教育	学生
64	女	23	汉语国际教育	学生

附录3：来华留学生与自然汉语口语接触强度调查表

序号	项目	评分
1	来华前我有不同的汉语母语者老师	0—1—2—3—4—5
2	来华后我常主动与老师讨论	0—1—2—3—4—5
3	我经常参加汉语角活动	0—1—2—3—4—5
4	我积极参与学校的语言实践活动	0—1—2—3—4—5
5	我经常与语伴一起练习	0—1—2—3—4—5
6	我业余时间常与中国朋友交谈	0—1—2—3—4—5
7	我经常看中国电影和电视剧等	0—1—2—3—4—5
8	我常利用课余时间打工	0—1—2—3—4—5
9	我日常生活中常与中国人接触（如看病、购物、逛公园等）	0—1—2—3—4—5
10	其他情况（如旅游时与导游主动交谈等）	0—1—2—3—4—5

附录4：来华留学生与自然汉语口语接触时间调查表

序号	项目	单项接触时间	接触总时间
1	来华前与汉语母语者老师的接触时间		
2	来华后与老师讨论的时间		
3	参加汉语角活动的时间		
4	参与学校的语言实践活动的时间		
5	与语伴一起练习的时间		
6	业余生活中与中国朋友交谈的时间		
7	看中国电影和电视剧等的时间		
8	课余打工时间		
9	日常生活中与中国人接触（如看病、购物、逛公园等）的时间		
10	其他情况（如旅游时与导游主动交谈等）		